财报知道答案

[日]矢部谦介 著
朱悦玮 译

北京时代华文书局

图书在版编目（CIP）数据

财报知道答案／（日）矢部谦介著；朱悦玮译．－－北京：北京时代华文书局，2021.2
ISBN 978-7-5699-4087-9

Ⅰ．①财… Ⅱ．①矢… ②朱… Ⅲ．①会计报表－会计分析 Ⅳ．① F231.5

中国版本图书馆 CIP 数据核字（2021）第 030071 号
北京市版权著作权合同登记号　图字：01-2019-6261

"BUKI TOSHITENO KAIKEI SHIKOURYOKU" by Kensuke Yabe
Copyright©2017 Kensuke Yabe
All Rights Reserved
Original Japanese edition published by Nippon Jitsugyo Publishing Co., Ltd.
This Simplified Chinese Language Edition is published by arrangement with Nippon Jitsugyo Publishing Co., Ltd. Through East West Culture & Media Co., LTD., Tokyo

财 报 知 道 答 案
CAIBAO ZHIDAO DAAN

著　　者｜[日]矢部谦介
译　　者｜朱悦玮

出 版 人｜陈　涛
策划编辑｜樊艳清
责任编辑｜张超峰
责任校对｜张彦翔
装帧设计｜程　慧　段文辉
责任印制｜訾　敬

出版发行｜北京时代华文书局 http://www.bjsdsj.com.cn
　　　　　北京市东城区安定门外大街 138 号皇城国际大厦 A 座 8 楼
　　　　　邮编：100011　电话：010-64267120　64267397

印　　刷｜河北京平诚乾印刷有限公司　电话：010-60247905
　　　　　（如发现印装质量问题，请与印刷厂联系调换）

开　　本｜710mm×1000mm　1/16　　印　张｜12.5　　字　数｜185 千字
版　　次｜2021 年 5 月第 1 版　　　　印　次｜2021 年 5 月第 1 次印刷
书　　号｜ISBN 978-7-5699-4087-9
定　　价｜48.00 元

版权所有，侵权必究

前言

企业的实际情况一定会在决算书中体现出来

"想调查某企业的实际情况,应该怎么做呢?"

面对这个问题,你会如何回答呢?

"在网上搜索报纸和杂志的相关报道。"

"实际去调查一下该企业的产品和服务。"

"如果有在这个企业里工作的朋友,就向他打听一下情况。"

……

可能你会想到很多答案吧。这些答案都没错,报纸和杂志上的报道,产品和服务,员工……这些都是有助于我们把握企业实际情况的信息来源。

但通过上述方法获得的信息绝大多数都没有数字的支撑,属于定性的信息,而仅凭定性的信息,无法准确地把握企业的真实情况。

比如,我对经营学专业的大学生提出"你们认为日本哪些企业比较赚钱"的问题,结果很多学生回答的都是打了很多广告的 B to C 企业(向终端消费者提供产品和服务的企业),但广告打得多不一定代表企业赚得多。

反而是那些基本不打广告,很多学生都没听说过的 B to B 企业(材料生产企业,主要为企业提供产品和服务)能够赚取更多的利润。

在分析这个问题的时候,关键在于不能依靠定性的信息,而是要通过决算书等定量的信息（会计数字）来解读企业的实际情况。决算书不是在企业经营状况之外独立存在的，因此企业的经营状况一定会在决算书中体现出来。也就是说，决算书是反映企业实际情况的一面镜子。

将定量的信息和定性的信息相结合，就可以从多个角度更加准确地把握企业的实际情况。

活用会计数字使战略成为现实

会计数字在执行战略时也发挥着非常重要的作用。具体来说，通过会计数字，可以定量地实现以下内容：

> ① 提示企业和组织追求的目标
> ② 模拟战略的执行情况
> ③ 评估战略执行后的成果

在执行战略时使用会计数字，可以使企业和组织追求的目标、战略的执行情况，以及取得的成果定量地"可视化"。

看不见的东西就无法控制，但通过活用会计数字，就可以使这些看不见的东西定量地"可视化"。这是在战略立案和执行时必不可少的关键。

会计思考力 = 解读经营现状的能力+改变经营现状的能力

本书的目的，是帮助大家掌握能够在商业活动现场作为武器使用的"会计思考力"，以及MBA级别的会计技术。本书中所说的会计思考力，指的是如下图所示的两个能力。

● 2个"会计思考力"

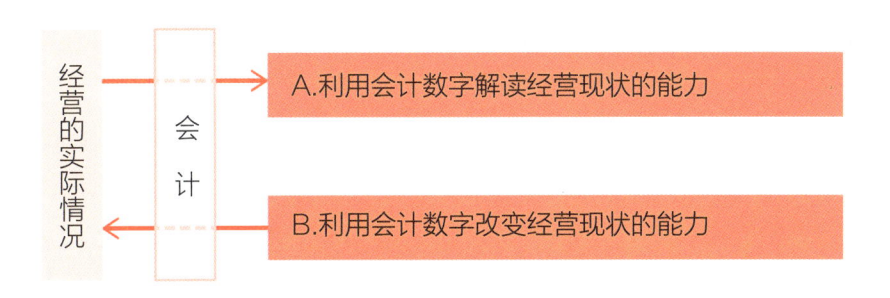

```
经营的实际情况 ← 会计 → A.利用会计数字解读经营现状的能力
              ← 会计 ← B.利用会计数字改变经营现状的能力
```

一个是利用会计数字解读经营现状的能力。正如前文中提到过的那样，企业的实际情况一定会在决算书中体现出来。利用会计数字让企业真正的状态显现出来，我们就不会被企业的表面现象所迷惑，从而能够更加准确地进行经营分析。

还有一个是利用会计数字改变经营现状的能力。利用会计数字展现出企业和组织的目标，并通过改变经营现状来实现目标，是每一位经营者和管理者必须具备的能力。

要想让人行动起来，光口头上说"加油"是远远不够的。必须将会计的视角落实在管理上，指明前进的方向，让整个组织都朝着目标前进。

京瓷的稻盛和夫、日本电产的永守重信、迅销的柳井正、软银的孙正义等现代日本著名的经营者们，都是活用会计数字的专家。

善于使用会计数字的经营者们有一个共同点，那就是拥有利用会计数字认清现场的能力，以及利用会计数字展示企业发展方向的能力。

这些经营者或许不是经营和财务方面的专家，但他们却拥有非常丰富的利用会计数字对经营现状进行把握的经验。正是这些经验，帮助他们利用会计数字解读经营现状，并且将会计知识活用在经营中。

本书的构成

为了帮助大家掌握会计思考力,本书用六章来讲解。

第一章到第四章,对应的是上一页的图表中"A.利用会计数字解读经营现状的能力"的部分。在第一章中,我将为大家介绍资产负债表(B/S)、损益表(P/L)、现金流量表(C/F)等基本财务报表的解读方法。

在第二章中,我将为大家介绍利用比例图将基本财务报表可视化并进行分析的方法。在第三章中,我将为大家介绍利用财务指标进行经营分析的方法。

对于拥有一定会计经验,熟练掌握比例图和财务指标使用方法的读者,可以跳过前三章,直接从第四章开始阅读。

在第四章中,我将为大家介绍对企业的经营进行分析时容易陷入的误区。

要想掌握会计思考能力,丰富的实践经验非常重要。因此我在前几章中引用了大量翔实的案例,涵盖许多行业的许多企业,大家可以对这些企业的会计数据和经营现状进行核实。

第五章和第六章,对应的是"B.利用会计数字改变经营现状的能力"的部分。具体包括利用KPI(Key Performance Indicator)对现场进行管理(KPI管理),以及使用KPI改变商业活动现场的方法。

在第五章中,我将针对KPI管理的基本内容,以及应该活用哪些KPI进行说明。在第六章中,我将为大家介绍如何将KPI落实到事业部门的现场,对实际的商业活动进行改变。

本书最大的特点是,各章的最后都有一个与该章内容相关的案例专栏。此外,在各章的内容中,除了公开的信息之外,还有许多我根据自己担任管理顾问的经验总结出来的内容。关于这部分内容的记述,出于保密的考虑并没有具体写明企业名称,另外由于中日会计准则差异,个别术语与中国的略有不同,但这些对阅读和理解并没有任何影响。

接下来,就让我们从解读财务报表的基础开始这趟会计思考力的培训之旅吧。

目 录

前言…001

第一章 掌握会计思考力的基本
——解读财务报表时必须关注的重点

资产负债表（B/S）的解读方法…003

B/S表示的是什么…003　B/S的基本结构…005　解读B/S的技巧…008　将B/S变为比例图来把握"森林"…009　对B/S重新进行详细分析…011　将B/S与现实的商业活动联系起来…013

损益表（P/L）的解读方法…014

P/L的基本结构…014　解读P/L的技巧…016　通过比例图让P/L更加简单易懂…017　销管费的详细内容体现商业活动的特征…020

现金流量表的解读方法…021

为什么现金流量表非常重要…021　3个现金流…022　利用瀑布图表现现金流量表的平衡…023

专栏1 注意会计方针…026

第二章 解读商业模型的会计思考力
——利用比例图来翻译财务报表

使用比例图直观理解财务报表…031
解读财务报表需要积累经验…031　分析财务报表的流程…031

B to C企业的财务报表…033
花王的案例…033　Kura寿司株式会社的案例…037　山田电机的案例…040　B to C企业财务报表的特征…044

B to B企业的财务报表…045
新日铁住金的案例…045　信越化学工业的案例…048　B to B企业财务报表的特征…051

IT风险企业的财务报表…052
Cookpad的案例…052　IT风险企业财务报表的特征…056

资金短缺会如何在比例图上反映出来…057
Urban Corporation的案例…057　通过现金流量表发现黑字破产的问题…061

将比例图和实际情况结合起来发现课题…063
东方乐园株式会社的案例…063　将数字与现场的情况联系起来发现经营课题…066

专栏2 合并会计与"合并除外"…067

第三章　发现课题的会计思考力
——使用指标把握现状与课题

分析财务指标有什么用…071
比例图的优点与缺点…071　财务指标分析的优点与注意事项…071

通过分析财务指标建立经营课题的假设…073
分析安全性的指标…074　分析效率性的指标…078　分析收益性的指标…079　分析成长性的指标…083

案例研究　武田药品工业、安斯泰来制药的现状与课题…084
分析安全性…085　分析效率性…088　分析收益性…089　分析成长性…092　分析总结——制药企业的现状与课题…093

不要将财务指标"黑匣子化"…095

专栏3 财务报表是否真实地反映出企业的经营状况…096

第四章　准确判断状况的会计思考力
——解读数字的真相

隐藏在数字背后的东西…101
准确判断状况的技巧…101　持有现金是好还是坏…102　持有太多现金会出现什么问题…102　任天堂为什么拥有充足的现金…103

综合商社为什么持有巨额的销售债权…105

销售额与销售债权的关系…105 三菱商事的收益与销售债权…105 三菱商事的销售债权周转期为什么这么长…108

流动比率低于100%也没问题吗…110

流动比率与企业的安全性…110 "每天都有进账"的情况…110 注意短期贷款的转借…112

做假账企业的经营指标有什么特点…114

为什么要做假账，怎样做假账…114 多算销售额…115 少算费用…116 如何识破假账…117

M&A会导致利润下降吗…119

M&A和"商誉"…119 商誉的会计处理方法…120 变更为国际会计基准的情况下也存在风险…121

专栏4 企业与监察法人的纠葛…122

第五章 利用会计思考力设定KPI
——实现战略的业绩评估指标

使用会计的数字改变现场…127

从外部分析者的立场到经营者和管理者的立场…127 什么是KPI…128 企业愿景、经营方针与KPI…128 KPI与运营指标、行动指标之间的关系…131

KPI管理为什么非常重要…133
能够给企业达成目标提供原动力…133　出现问题时能够及时应对…134
能够将行动计划与实际情况之间的差异"可视化"…134

导入KPI管理时的陷阱…135
企业的愿景、经营方针与KPI不符…135　没有将KPI分解为运营指标和行动指标…135　虽然导入了KPI，却没有让PDCA循环起来…136

如何设定KPI…137
最常用的KPI…137　越来越多的企业开始使用的新KPI…139　CCC指标…143　现金流指标…144　EVA指标…147　如何活用各项指标…151

> **专栏5**　导入EVA的难点…155

第六章　利用会计思考力将KPI落实到现场
——使用数字推动商业活动的方法

仅仅导入KPI无法让现场行动起来…161
为什么现场死气沉沉…161　让KPI发挥作用的5个关键点…162

将KPI分解…163
将KPI落实到运营指标…163　设定行动指标…165

设定数值目标的水准…168
有延展性且能够实现…168　基于过去视角设定目标…169　基于外部视角设定目标…170

KPI系统不要过于复杂…172
过于复杂的KPI系统无法发挥作用…172　KPI和运营指标应该设定多少个…174

KPI与PDCA的关系…175
PDCA的重要性…175　找出目标和实际情况之间的差异…175　找出问题的真正原因…176　PDCA的循环间隔…178　利用IoT加快PDCA循环…178

提供促进交流的"场所"…182
KPI是交流的工具…182　应该什么时候召开会议…182　会议上应该讨论哪些内容…183　调整者的重要性…184

> **专栏6** 关键在于让事业部门"彻底理解"…185

结语…187

第一章

掌握会计思考力的基本
——解读财务报表时必须关注的重点

本章获得的"武器"

√ 财务报表（B/S、P/L、现金流量表）的基础知识

√ 把握财务报表概要的技巧

√ 把握商业活动实际情况的方法

√ 财务报表比例图的使用方法

资产负债表（B/S）的解读方法

B/S表示的是什么

首先，让我们来看一下最基本的财务报表之一资产负债表（B/S）。资产负债表的英文是"Balance Sheet"，简称"B/S"。除了接下来要为大家介绍的资产负债表之外，还有损益表（P/L）和现金流量表（C/F）都是最基本的财务报表。

我在和商务人士交流的过程中发现，他们因为在实际工作中经常能接触到损益表，所以对损益表多少有一些了解，但对资产负债表却知之甚少。

但B/S是最能体现一个企业战略和经营方针的财务报表。

尤其是关于企业安全性和是否存在破产危机的线索，往往隐藏在B/S中。可能有人觉得B/S晦涩难懂，但只要掌握了方法，你就会发现解读B/S并不是什么难事。首先让我们来了解一下B/S的基本结构，打消心中对B/S"晦涩难懂"的顾虑吧。

图表1-1是从现金流的角度分析企业活动的示意图。

● **图表1-1　用现金流来表示企业活动**

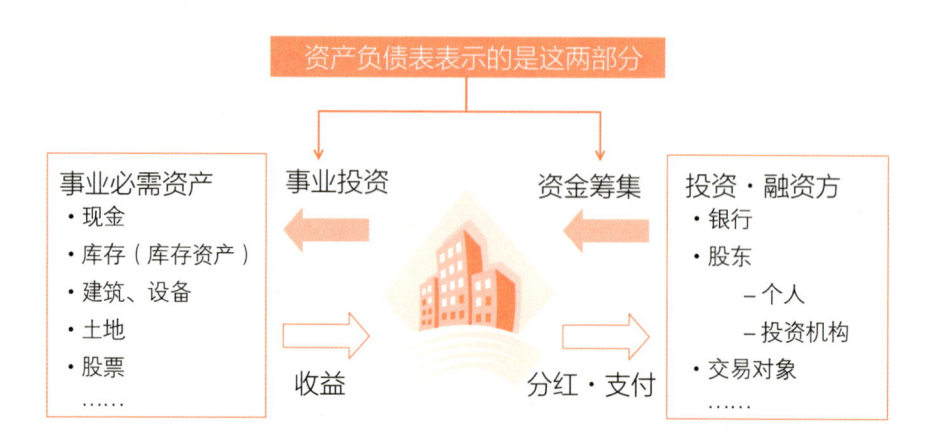

```
                    ┌─────────────────────────┐
                    │ 资产负债表表示的是这两部分 │
                    └───────┬─────────┬───────┘
                            ↓         ↓
┌──────────────┐                              ┌──────────────┐
│ 事业必需资产  │   事业投资      资金筹集      │ 投资・融资方  │
│ ・现金        │   ←────              ←────   │ ・银行        │
│ ・库存（库存  │                              │ ・股东        │
│   资产）      │                              │   －个人      │
│ ・建筑、设备  │                              │   －投资机构  │
│ ・土地        │                              │ ・交易对象    │
│ ・股票        │   ────→              ────→   │ ……           │
│ ……           │    收益          分红・支付   │              │
└──────────────┘                              └──────────────┘
```

企业要想开展事业活动，必须先筹集资金。这些资金主要从银行和股东处筹集。

筹集到的资金将用于购买开展事业必要的资产，并从中获取收益。收益的一部分以利息和分红的形式返还给资金的提供者（银行、股东）。有时候企业也会延期支付利息和分红，将收益再次投进事业活动中。企业就以这样的形式保持现金的流动。

B/S表示的就是图表1-1上方的两个箭头，也就是资金筹集和事业投资的部分。在企业做决算的时候，B/S表示以什么方法筹集资金，以及筹集到的资金都进行了哪些投资。

将B/S用最简单的图来表示就是图表1-2。

在B/S的右侧，表示的是企业以何种方式筹集资金。

负债指的是以向银行借贷等方式筹集到的资金。净资产指的是通过股东对企业投资筹集到的资金。

左侧表示的是企业用筹集到的资产进行了哪些投资。因为企业将筹集到的资金全部用于投资，所以B/S左右两侧的金额［左侧是资产总额（总资产），右侧是负债和净资产的合计（总资本）］肯定是一致的。

由于B/S的左右两侧肯定是平衡的（一致的），因此也被称为"平衡表"。

● 图表1-2　右侧与左侧一致的B/S

进行了哪些投资	如何筹集到的资金
资产	负债
	净资产

资产 = 负债 + 净资产

B/S的基本结构

让我们来详细地看一下B/S的基本结构（图表1-3）。这个图表的分类更加详细，不过大家现在没必要记住栏目中的这些术语。

● 图表1-3　B/S的基本结构

资产		流动资产	负债	流动负债
				固定负债
	固定资产	有形固定资产	净资产	资本金·资本盈余
		无形固定资产		利润盈余
		投资及其他资产		其他

第一章　掌握会计思考力的基本

这些术语在我们实际大量接触B/S的过程中自然而然就能记住了。对会计感到头疼的读者不用强迫自己现在就把这些内容都背下来。现在大家只要大致地知道B/S是由这些内容组成的就可以了。

首先请看B/S的右侧。正如前文中提到过的那样，右侧表示的是筹集资金的明细。右侧的项目分为负债与净资产。

负债指的是以向银行借贷等方式筹集到的资金，必须支付利息并偿还本金。而净资产指的是通过股东对企业的投资筹集到的资金。一般来说，净资产部分的资金将来没有偿还的必要。

负债分为流动负债和固定负债。

流动负债指的是短期（一般是一年以内）内必须偿还的负债。

固定负债指的是可以长期（一般超过一年）偿还的负债。比如从银行借贷的资金，一年以内必须偿还的短期贷款属于流动负债，而偿还期限超过一年的长期贷款则属于固定负债。此外，用于采购原材料和商品的赊购款、应付票据都属于流动负债。

净资产表示的是属于股东的资本，其中资本金和资本盈余是股东直接投资的资金。资本金和资本盈余是企业通过对投资者发行股票（称为"增资"）筹集到的资金。

在净资产中特别值得我们关注的是利润盈余。利润盈余指的是企业取得的利润（图表1-7中的当期净利润）中，没有对股东分红而用于继续投资事业（称为"储备金"）的部分（图表1-4）。因为利润盈余部分表示的是每年储备金的累计金额，所以通过利润盈余一项，就可以判断这家企业是否赚取了丰厚的利润。

尤其是对于优良企业来说，因为拥有巨额的利润盈余，所以负债的比例很小。这样的企业可以将过去赚取的巨额利润投入到事业中去，因此能够在不依赖贷款的情况下开展商业活动。

● 图表1-4 利润盈余的积累机制

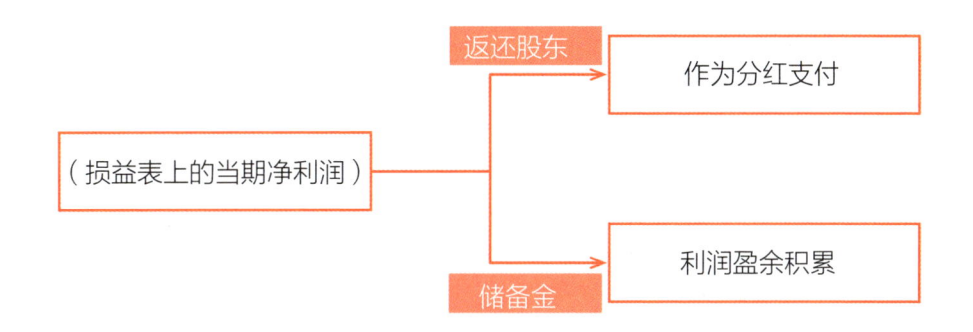

```
                                    返还股东  →  作为分红支付
（损益表上的当期净利润）
                                    储备金    →  利润盈余积累
```

接下来请看B/S的左侧栏目。资产被分为流动资产和固定资产（图表1-3）。流动资产指的是短期内（一般是一年以内）能够变现的资产。

具体来说包括现金、应收账款和一年以内以交易为目的保留的有价证券（股票等）、库存资产。

固定资产指的是短期内无法变现的资产。

固定资产又可以细分为有形固定资产、无形固定资产、投资和其他资产。有形固定资产的代表就是企业长期使用的建筑物、机械设备、土地等。

无形固定资产正如其字面意思一样，指的是没有具体形态的资产，比如软件就属于这一分类。

在分析无形固定资产的时候需要特别注意的是"商誉"。商誉指的是在进行M&A（并购）时，收购价格与被收购企业（以时价为基础）的净资产之间的差额。进行M&A时的收购价格往往要高于被收购企业以时价为基础的净资产，因此在被收购的企业的B/S的左侧栏目里需要计算"商誉"。换句话说，被收购企业的资产减去负债后仍然低于收购价格的部分，就由被称为"商誉"的无形固定资产来弥补。

因此，如果商誉这栏中的数字很大，说明这家企业过去可能经历过M&A。

最后是投资及其他资产，指的是不以短期内交易为目的保留的有价证券。

解读B/S的技巧

在实际开始解读B/S之前,让我们先来了解一下解读的技巧。在解读B/S的时候,以下三点非常重要:

> ① 在观察个别树木(项目)之前,先眺望整个森林(整体情况),整理获取的信息和问题点
> ② 在把握整体情况的基础上,先观察高大的树木(金额巨大的项目)
> ③ 将B/S与现实的商业活动联系起来

在对B/S进行分析时,不能一上来就去看那些小项目。有句古话叫"只见树木不见森林",这是解读B/S的大忌。所以,首先把握B/S的整体情况至关重要(技巧①)。

在把握B/S的整体情况之后,接下来就是观察个别项目。

在观察个别项目时,应该从金额巨大的项目开始。因为金额较小的项目一般来说重要性比较低,因此将这些项目放在后边也没关系。要想搞清楚在把握整体情况时发现的疑问,应该优先观察金额较大的项目(技巧②)。

按照上述流程解读 B/S 的时候还需要注意一点,那就是要将B/S与现实的商业活动联系起来(技巧③)。

对于不擅长阅读财务报表的人来说,恐怕很难在大脑里将财务报表与实际的商业活动联系起来。

但只要坚持练习,很快就会习惯这种思考方式,请一定不要放弃。

将B/S变为比例图来把握"森林"

接下来,让我们实际看一下7&I控股(7-11便利店的母公司,以下简称7&I)的B/S。

图表1-5是7&I实际B/S的简化版,根据前文中提到的"解读B/S时的技巧②",只提取了金额比较巨大的项目编辑而成。金额较小的项目合并后以"其他"项表示。此外,图表中加粗的数字表示的是各资产和负债的合计金额。本书刊载的合并财务报表中,由于将小数点后一位四舍五入没有显示,因此合计金额的最后一位可能会有误差。

● 图表1-5 7&I的简要合并B/S(2016年2月期)

项目	金额（十亿日元）	项目	金额（十亿日元）
（资产部分）		（负债部分）	
流动资产	**2,250**	流动负债	**1,881**
现金与活期存款	1,100	应付账款	251
应收账款	355	短期贷款	131
库存资产	212	一年内需偿还的公司债券	40
ATM预算金	92	一年内需偿还的长期贷款	101
其他	492	存款	158
		银行业的存款	518
固定资产	**3,192**	其他	682
有形固定资产	**1,972**	固定负债	**1,056**
建筑	868	公司债券	400
工具	302	长期贷款	361
土地	747	长期存款	57
其他	55	其他	238
		负债合计	**2,937**
无形固定资产	**546**	（净资产部分）	
商誉	314	资本金	50
其他	232	资本盈余	527
		利润盈余	1,718
投资及其他资产	**674**	自有股份	-6
有价证券	141	其他利润累计额	83
长期保证金	396	新股预约权	3
其他	136	少数股东持有部分	130
		净资产合计	**2,505**
资产合计	**5,442**	负债净资产合计	**5,442**

在图表1-5的B/S中，金额的单位是十亿日元。对会计不太熟悉的人可能有点不习惯，不过绝大多数的财务报表都是以千日元、百万日元、十亿日元作为金额的单位。这是因为在会计上计算金额时每隔三位就要打一个逗号，上述单位刚好符合这一规律。

那么，让我们先来眺望一下森林（B/S的整体情况）。

首先，请看图表1-5中标蓝色的项目，也就是左侧的"流动资产""有形固定资产""无形固定资产""投资及其他资产"和右侧的"流动负债""固定负债""净资产合计"这七项。

通过了解这些项目在资产合计（或者负债、净资产合计）中占有多少比例，就可以把握B/S的整体情况。

但是，对于不熟悉会计数字的人来说，从这些数字上似乎还是看不出什么端倪。这个时候就需要用到"比例图"。

所谓比例图，就是将各项目的金额根据所占的比例分配相应的面积，使财务报表转化为可视化的图表。图表1-6就是前面7&I的B/S的比例图。

● 图表1-6　7&I的合并B/S的比例图（2016年2月期）

（单位：十亿日元）

流动资产 2,250	流动负债 1,881
有形固定资产 1,972	固定负债 1,056
无形固定资产 546	净资产 2,505
投资及其他资产 674	

从这个图表可以看出，在左侧的资产中比例最大的是流动资产（22,500亿日元）。这些是能够在短期内变现的资产。

第二大的是有形固定资产（19,720亿日元），紧接着是投资及其他资产（6,740亿日元）。

此外，在比例图的右侧，金额从大到小依次是净资产（25,050亿日元）、流动负债（18,810亿日元）、固定负债（10,560亿日元）。

接下来，就像之前在"解读B/S的技巧③"中说明过的那样，我们需要将B/S的数字与实际的商业活动联系起来。在这个时候，可以根据B/S的数字，建立"在实际的商业活动中，是否发生了××情况"的"假设"。

7&I是以零售业为主的企业，所以店铺肯定有库存。另一方面，零售业主要以现金交易为主，因此应收账款的金额不会太高。此外，如果店铺是7&I自己的，那么就会作为土地和建筑被计算在有形固定资产中，这应该占金额的很大部分。

在投资及其他资产一项中，除了有价证券之外，零售业租赁店铺的保证金也会被计算在内，因此这一项目也会占很大金额。

再来看比例图的右侧，净资产的比例占了负债净资产合计的46.0%。大概是因为过去赚取的利润都变成利润盈余积累起来的结果吧。

与此同时，流动负债占的比例也高达34.6%。可能是因为存在短期贷款等负债的缘故。关于这部分内容需要后续详细确认。

对B/S重新进行详细分析

利用比例图对B/S的整体情况有了一定程度的把握之后，接下来就是对B/S重新进行详细分析。在这个时候，需要按照前文中介绍过的"解读B/S的技巧②"，先从金额比较大的项目开始，对建立的假设和产生的疑问进行验证。

让我们再来看一下图表1-5左侧的资产。

首先，在流动资产中数额最大的是现金与活期存款，超过1万亿日元。至于为什么7&I拥有这么多的现金与活期存款，一会儿我们可以通过B/S右侧的部分来进行确认。

流动资产中第二大的金额是应收账款（3,550亿日元）。根据先前建立的假设，零售业的应收账款应该很少才对。那么这究竟是怎么回事呢？

只看这一期的B/S恐怕搞不明白，但如果搭配过去的B/S一起看的话就会发现，2012年2月期的应收账款一项出现了巨额的增长。这是因为当时7&I将为百货商店提供储值卡服务的一家卡片公司变成了子公司。由于这家公司的销售债权被算进了B/S中，所以7&I的应收账款出现了巨额增长。

有些内容只看单年度的B/S看不出来，必须结合过去的B/S一起看才能看出来，请注意这一点。

第三大的金额是库存资产的2,120亿日元。由此可见，直营的超市事业和便利店事业的库存确实都被计算在内。另外，7&I的便利店事业除了直营店之外还有特许加盟店，这些特许加盟店的运营相对独立，因此特许加盟店的库存并没有被计算在内。

有形固定资产部分跟我们之前的假设一样，建筑和土地的金额较大。而在投资及其他资产一项中，长期保证金高达3,960亿日元。由此可见7&I在店铺扩张上采取的是购买与租赁相结合的策略。

接下来看B/S右侧的负债与净资产。

净资产一项中金额最高的是利润盈余（17,180亿日元）。和假设一样，这是过去积累下来的储备金。

再来看流动负债，贷款自不必说，值得关注的是银行业的存款（5,180亿日元）。这一项代表的是储户存在银行中的存款。银行业的存款再加上储备金，这就是7&I拥有大量现金与活期存款的原因。

将B/S与现实的商业活动联系起来

看完7&I的B/S之后,大家有什么印象呢?

事实上,刚才我们看到的这个 B/S是合并B/S,也就是包括子公司等相关企业的7&I集团全部的B/S。

从这个角度来看刚才的B/S,因为7&I集团内部还拥有银行业和信用卡事业,因此与其说是纯粹的零售业,不如说是零售业与金融业的混合型业态更为准确。

与实际的商业活动进行对比后不难发现,金融业在7&I集团中的重要程度也在逐年增加。

将B/S与现实的商业活动联系起来,上述事实就会变得更加明显。

不仅仅是B/S,在解读其他财务报表的时候,与现实的商业活动联系起来也非常重要。

损益表（P/L）的解读方法

P/L的基本结构

接下来我将为大家介绍的第二个表是损益表（P/L）。

损益表的英文是"Profit and Loss Statement"，简称"P/L"。下文中都用P/L来代替损益表。

P/L的作用是记录一年间的交易（流通量），计算企业取得的利润。更具体地说，P/L能够体现出企业通过交易赚取的收益（≈销售额）和费用，并通过两者之间的差额计算出利润。

图表1-7就是 P/L的基本结构。

让我们从上到下依次看一看。

首先是位于最上方的销售额，表示的是企业通过销售商品、服务获得的营业收入。金融业和不动产等销售中介行业的手续费等也作为营业收入计算在这部分。

需要注意的是，销售额属于收益，与利润不是一个概念。利润是收益减去费用之后的剩余部分。由于这部分位于P/L的最上方，因此又被称为"顶线"(topline)。

在顶线下面的是销售成本。这部分表示的是采购商品和原材料花费的资金，以及工厂生产产品消耗的人工费和折旧费等费用。销售额减去销售成本后就是销售总利润。

位于销售总利润下面的是销售费用及一般管理费。这部分又被称为"销管费"，本书也将其简称为销管费。

销管费指的是企业在经营上除了销售成本外必须消耗的费用，包括企业的人工费、租赁费、研发费、折旧费、广告宣传费等。销售总利润再减去销管费之后剩余的金额就是营业利润。这是企业通过经营赚取的利润。

● 图表1-7　P/L的基本结构

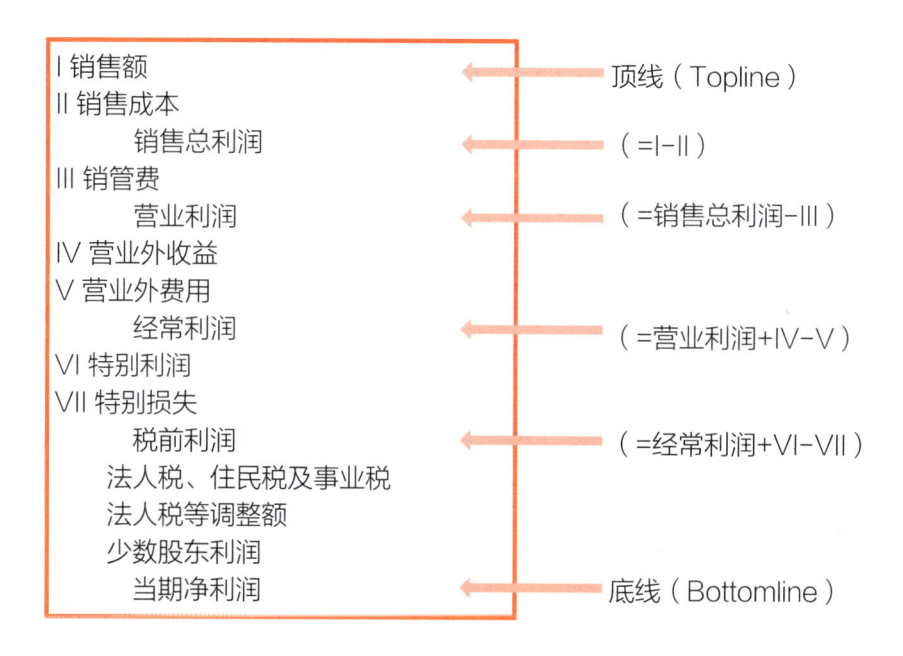

```
I  销售额                          ← 顶线（Topline）
II 销售成本
     销售总利润                    ← （=I-II）
III 销管费
     营业利润                      ← （=销售总利润-III）
IV 营业外收益
V  营业外费用
     经常利润                      ← （=营业利润+IV-V）
VI 特别利润
VII 特别损失
     税前利润                      ← （=经常利润+VI-VII）
     法人税、住民税及事业税
     法人税等调整额
     少数股东利润
     当期净利润                    ← 底线（Bottomline）
```

在营业利润的下面是营业外收益和营业外费用。这里所说的"营业"，不是指销售活动，而是指"企业的本业"。因此"营业外"指的是企业本业之外的事业。

营业外收益和营业外费用主要计算的是每年都会发生的经常性活动。具体来说，企业通过放贷获得的利息收入和持有股票获得的分红收入都属于营业外收益，而因为贷款支付的利息则属于营业外费用。营业利润加上营业外收益再减去营业外费用就是经常利润。

在经常利润的下方是特别利润和特别损失。这部分与营业外收益和营业外费用不同，指的是该年度临时出现的利润和损失。比如，因为东日本大地震导致出现的损失就属于特别损失，将持有的股票卖出赚取的利润就属于特别利润。

经常利润加上特别利润再减去特别损失，就是税前利润，通过所得税和少数股东利润对这部分进行调整后，就是企业的最终利润——当期净利润。少数股东利润指的是属于集团子公司股东的利润。在损益表上，属于母公司股东的最终利润需要减去这部分的少数股东利润。当期净利润因为位于P/L的最下方，因此也被称为"底线"（Bottom line）。此外，随着日本更改会计基准，从2016年3月期以后，当期净利润被称为"属于母公司股东的当期净利润"，少数股东利润被称为"属于少数股东的当期净利润"，希望大家能够注意这一点。

综上所述，P/L的结构由上至下依次是营业利润、经常利润、当期净利润。当然，在费用大于收益的情况下，就会出现损失（赤字）。此外，前文中也提到过，当期净利润属于股东的利润，用于支付分红的资金。

解读P/L的技巧

解读P/L的时候也和解读B/S一样有特定的技巧。这些技巧如下所示：

在解读P/L的时候，首先也要从把握整体情况开始。因为在收益和费用的各个项目中，金额越大的重要性就越高，所以也应该优先对金额较大的项目进行分析。

> ①把握P/L的整体情况
> ②按照金额大小的顺序确认销管费的详细内容，把握企业商业活动的特征
> ③将P/L与现实的商业活动联系起来

此外，销管费往往能够体现出一家企业商业活动的特征，因此确认销管费的详细内容非常重要。在解读这部分内容的时候也应该从金额较大的项目开始。如果在P/L中没有发现销管费的详细内容，说明这些内容可能被记录在备注的项目中，请不要忘记确认备注的内容。

与B/S同样，解读P/L的时候也应该将其与现实的商业活动联系起来。大家不要嫌我啰唆，这真的是在解读财务报表时非常重要的一点。

通过比例图让P/L更加简单易懂

接下来让我们实际看一下P/L。这次同样以7&I为例（图表1-8）。

正如前文中提到过的那样，7&I除了本业直营店的收益之外，还有金融事业的收益和特许加盟店的加盟费收益，这些都被计算入营业收入中。

首先让我们从把握P/L的整体情况开始。在这个时候，需要我们注意的是图表1-8中标蓝色的项目，从上到下依次是销售额、销售成本、营业收入、销管费、营业外收益、营业外费用、特别利润、特别损失、税前利润。

● 图表1-8　7&I的简要合并P/L（2016年2月期）

项目	金额（十亿日元）
营业收益（=销售额+营业收入）	6,046
销售额	4,892
销售成本	3,804
销售总利润	1,088
营业收入	1,154
营业总利润	2,242
销管费	1,889
宣传装饰费	176
员工工资・奖金	462
房屋租赁费	342
折旧费	187
水电费	125
其他	598
营业利润	352
营业外收益	12
营业外费用	14
经常利润	350
特别利润	6
特别损失	52
税前利润	304
法人税、住民税及事业税	124
法人税等调整额	11
少数股东利润	8
当期净利润	161

图表1-9是根据上述项目制作的P/L比例图。

在制作P/L比例图的时候需要注意的是，将销售额、营业收入、营业外收益、特别利润放在右侧，将销售成本、销管费、营业外费用、特别损失、税前利润放在左侧。

之所以将收益放在右侧，费用放在左侧，是为了遵守簿记规则，这部分内容本书不做详细说明，大家只要记住这个要求即可。

● 图表1-9　7&I的合并P/L比例图（2016年2月期）

（单位：十亿日元）

销售成本 3,804	销售额 4,892
销管费 1,889	
特别损失 52　营业外费用 14	营业收入 1,154
税前利润 304	营业外收益 12 特别利润 6

此外，将税前利润放在左侧，是因为在这个P/L中收益大于费用，产生了利润。如果收益小于费用出现了亏损，那么税前利润就需要放在比例图的右下。

关于P/L比例图的制作方法就说明到这儿，接下来让我们对内容进行分析。

首先我们可以发现，与48,920亿日元的销售额相对的是38,040亿日元的销售成本。销售成本占销售额的77.8%，也就是说毛利润率（销售总利润率）为22.2%。

由于零售业的销售总利润率普遍在25%～30%左右，因此7&I的销售总利润率并不高。但值得注意的是营业收入，这部分包括加盟店的加盟费收入和金融事业的收入，金额高达11,540亿日元。

与之相比，7&I直营店的销售总利润（=销售额−销售成本）为10,880亿日元，远远低于营业收入。

由此可见，7&I（集团整体）已经不再是纯粹的零售业集团。

销管费的详细内容体现商业活动的特征

接下来让我们看一下销管费的详细内容。正如前文中说明过的那样，销管费指的是企业花费在本业上的费用中除去销售成本以外的部分。

其中金额最高的一项是支付给员工的薪水4,620亿日元。这其中除了支付给直营店员工的薪水之外，还包括支付给从事加盟店管理、监督和金融事业的员工的薪水。

金额第二高的是房屋租赁费。房屋租赁费与折旧费、水电费、宣传装饰费等都是店铺运营中必不可少的费用。从这些项目上可以清楚地看出7&I作为零售业的一面。

在对销管费的详细内容进行分析时，请不要忘记将数字与该企业的实际情况联系起来。

以7&I的情况为例，有多少员工在7&I工作？7&I在广告宣传上花费了多少金额？直营店会产生多少费用？我们可以在分析销管费详细内容的同时思考上述问题。

现金流量表的解读方法

为什么现金流量表非常重要

第三个为大家介绍的基本财务报表是现金流量表。

现金流量表的英文是"Cash Flow Statement",简称"C/S"或者"C/F"。与前文中介绍过的B/S和P/L相比,现金流量表的简称用得并不多。因此本书也不用简称,而是直接用现金流量表的说法。

现金流量表作为财务报表出现的时间相对较短,日本直到2000年3月期决算起,才要求上市企业必须在财务报表中包括现金流量表。现金流量表正如其字面意思一样,表示的是企业一年间的现金收支情况。那么,为什么企业必须公布现金流量表呢?

有句话叫"账目没错,钱对不上",指的是虽然在P/L上显示取得了利润,但现金却不足的状态。有时候会出现企业明明赚取了利润却被迫破产的"黑字破产"情况,就是因为没有足够的现金用于支付所导致的。

这些事例证明,在对企业的经营进行分析时,确认企业是否有充足的现金用于支付也是非常重要的内容。而现金流量表就可以帮助我们准确地把握企业的现金情况。

3个现金流

图表1-10就是现金流量表的基本结构。现金流量表大致可以分为营业活动的现金流（营业CF）、投资活动的现金流（投资CF）、财务活动的现金流（财务CF）三部分。

● 图表1-10　现金流量表的基本结构

```
Ⅰ  营业活动的现金流
      税前利润
      折旧费
      ……
      小计
      ……
      营业活动的现金流
Ⅱ  投资活动的现金流
      用于获取有形固定资产的支出
      卖出有形固定资产的收入
      ……
      投资活动的现金流
Ⅲ  财务活动的现金流
      短期贷款的净增减额
      长期贷款的收入
      ……
      财务活动的现金流
Ⅳ  现金及现金等价物的换算差额
Ⅴ  现金及现金等价物的增减额
Ⅵ  现金及现金等价物的期初余额
Ⅶ  现金及现金等价物的期末余额
```

营业活动的现金流，表示的是企业通过本业赚取了多少现金。企业为了生存下去，必须通过本业赚取现金，因此营业活动的现金流必须是正数。

在现金流量表上表示营业活动的现金流时，有直接法和间接法两种方法。直接法是通过与营业活动相关的主要交易表示现金流的方法；间接法是通过对利润与现金流之间存在差值的项目进行调整来表示现金流的方法。

本书对这两种方法不做详细说明，但在对现金流量表进行分析时希望大家注意的是，绝大多数企业在表示营业活动的现金流时，采用的都是间接法，因为这样实际操作起来比较容易。

投资活动的现金流表示的是获取和出售固定资产及有价证券时产生的收支。这部分代表企业为了获取将来的现金流，对必要的经营资源进行了多少投资。处于成长期的企业，投资活动的现金流的负值（净投资额）相对较大，而处于成熟期的企业则相对较小。

第三个是财务活动的现金流。这部分表示的是通过贷款和发行公司债券获得的收入，以及通过偿还贷款和支付分红产生的支出。

一般来说，处于成长期的企业投资较多，很容易出现慢性的资金不足，为了弥补这一问题，企业需要不断地筹集资金，就会导致财务活动的现金流较高。而处于成熟期的企业拥有充足的资金来偿还贷款和给股东分红，所以财务活动的现金流经常会出现负数。

利用瀑布图表现现金流量表的平衡

接下来，让我们看一看现金流量表的具体事例吧。

图表1-11是7&I的合并现金流量表。在实际的现金流量表上有更详细的项目，本书对其进行了适当删减。

在解读现金流量表的时候，最初不要拘泥于小项目，应该先把握整体的平衡情况。

在这个时候需要注意的是营业活动的现金流、投资活动的现金流、财务活动的现金流、现金及现金等价物的期初余额、现金及现金等价物的期末余额五个项目（图表1-11中标蓝色的项目）。

● 图表1-11　7&I的简要合并现金流量表（2016年2月期）

项目	金额（十亿日元）
营业活动的现金流	
税前利润	304
折旧费	196
……	
小计	620
利息及分红的获取额	4
利息的支付额	−10
法人税等支付额	−126
营业活动的现金流	489
投资活动的现金流	
用于获取有形固定资产的支出	−305
卖出有形固定资产的收入	32
……	
投资活动的现金流	−336
财务活动的现金流	
短期贷款的净增减额	0
长期贷款的收入	97
偿还长期贷款的支出	−71
……	
财务活动的现金流	−2
现金及现金等价物的换算差额	−4
现金及现金等价物的增减额	147
现金及现金等价物的期初余额	1,001
合并以外的现金及现金等价物的减少额	−1
现金及现金等价物的期末余额	1,147

在把握现金流量表平衡的时候，瀑布图的比例图可以使内容一目了然。

瀑布图是表示期初持有的现金，在经过营业活动、投资活动和财务活动时的现金流都出现了哪些增减的图表。

基本上，现金的期初余额加上三个现金流的金额之后，就是现金的期末余额，但要想数值分毫不差，还需要加上"现金及现金等价物的换算差额"，以及"合并以外的现金及现金等价物的减少额"。要想将这些数值非常准确地加进来十分复杂，本书不考虑这些具体的内容，在图中以"其他"简略地表示。

图表1-12就是7&I合并现金流量表的比例图以瀑布图表示出来的结果。在图表最左侧是期初的现金余额（期初现金），最右侧是期末的现金余额（期末现金）。

● 图表1-12　7&I合并现金流量表的比例图（2016年2月期）

（单位：十亿日元）

营业活动的现金流	投资活动的现金流	财务活动的现金流	其他
489	-336	-2	-5

自由现金流（FCF）

期初现金 1,001　　期末现金 1,147

从这个图表上可以看出，7&I的投资完全在营业CF的范围之内，该年度投资后的剩余现金流被称为"自由现金流"（Free Cash Flow），简称为"FCF"。它几乎都作为现金保留在企业内部。

在对B/S进行说明时，我已经对7&I为什么拥有这么多现金的原因进行了分析。通过现金流量表，也可以分析出其中的原因。

在对现金流量表进行分析时，关键要看企业如何使现金流的两边保持平衡。比如企业通过营业活动是否能够赚取足够的现金，将多少现金用于投资，以及如何对自由现金流进行分配等。

特别是处于成长期的企业，对投资活动的现金流的项目进行仔细分析能够获得非常有用的信息。

专栏 1

注意会计方针

在P/L（损益表）的销售成本和销管费项目中，一般都包含折旧费。这个项目代表的是，企业拥有的机械设备和建筑等有形固定资产随着使用导致价值减少部分的费用。由于折旧费是会计概念上的费用，并没有现金支出。因此，利用间接法对营业活动的现金流进行计算的时候，要将折旧费加回利润中。

计算折旧费的方法主要有两种，分别是定额法和定率法。

所谓定额法，指的是根据使用年限平均折旧金额的方法。在这种情况下，每年的折旧费是相同的。

而定率法则是用获取价格减去折旧费的累计额再乘以一定的固定折旧率来计算折旧费的方法。采用定率法的情况下，有形固定资产越新，折旧费越高，而随着使用年数的增加，折旧费也越来越低。

使用哪种折旧方法完全由企业自己决定，因此即便身处同样的行业，不同的企业有的可能采用定额法，有的可能采用定率法。

但问题在于，采用不同的折旧方法会导致费用的金额出现变化，也就是说最终的利润额会出现差异。让我们看一看麒麟控股的情况。图表1-13是麒麟控股2016年度计划的一部分。

这里需要大家注意的是，日本综合饮料（国内饮料部门）的年度计划。在2016年度计划中，日本综合饮料的销售额几乎没什么增长，但营业利润却增加了大约80亿日元（与上一年度对比增加了16.7%）。

如果只看这些数据，可能会让人觉得麒麟控股的日本综合饮料虽然对销售额的提高没有太多把握，但计划通过削减成本等手段来增加利润。

● 图表1-13　麒麟控股的日本综合饮料增收了吗

单位：十亿日元	2016年计划	2015年实绩	与上一年度对比	
销售额	2,140	2,197	-57	-2.6%
日本综合饮料	1,196	1,192	4	0.4%
海外综合饮料	576	624	-48	-7.7%
医疗·生物化学	343	356	-13	-3.6%
营业利润	125	125	0	0.2%
日本综合饮料	56	48	8	16.7%
海外综合饮料	42	33	9	26.3%
医疗·生物化学	33	47	-14	-29.5%

出处：作者根据麒麟集团2016年度计划制作

实际上是不是这样呢？后来麒麟控股宣布，从2016年度的决算起将日本综合饮料的折旧费计算方法从定率法转变为定额法，因此减少了80亿日元的折旧费。

也就是说，虽然实际取得的利润几乎没有变化，但随着会计方针的改变，日本综合饮料仍然增加了16.7%的营业利润。尤其是对于投资大量金额购买新设备的企业来说，像这样改变折旧方法对利润的影响非常大。

除了麒麟控股之外，日产汽车也有改变会计方针而对利润造成巨大影响的例子。说起日产汽车，大家肯定都知道卡洛斯·戈恩的改革（日产复兴计划）吧。

日产汽车在2000年3月期还有大约6,840亿日元的当期净亏损，而到了第二年的2001年3月期就变成了大约3,310亿日元的当期净利润,实现了增幅大约1万亿日元的扭亏为盈。

当然,在卡洛斯·戈恩领导下的事业重组是日产起死回生的原动力,但改变会计方针带来的影响同样不能忽视。可以说日产的起死回生,有很大一部分是改变会计方针带来的效果,比如前面介绍过的麒麟控股的改变折旧方法(从定率法变为定额法)等。

2001年5月27日的《日本经济新闻(朝刊)》对此给出的结论是:"在合并最终盈亏增加的1万亿日元中,至少有5千亿日元是通过这样的'会计魔术'实现的。"

综上所述,企业采用的会计方针会给企业的利润带来巨大的影响。因此,在对企业的利润进行分析时,一定要对企业采用的会计方针多加留意。

第二章
解读商业模型的会计思考力
——利用比例图来翻译财务报表

本章获得的"武器"

√ 利用比例图分析财务报表的顺序

√ 把握业种·业态特征的技巧

√ 认清资金筹集状况的分析方法

√ 从财务报表中提取经营课题的方法

使用比例图直观理解财务报表

解读财务报表需要积累经验

在上一章中，我为大家介绍了B/S、P/L、现金流量表的基本结构和比例图的制作方法。乍看起来非常复杂的财务报表，在换成比例图之后，各种信息就能够一目了然了。

但利用比例图解读财务报表，积累经验非常重要。财务报表反映的是一家企业的商业模式。通过大量制作比例图，将财务报表和企业实际的商业模型联系起来分析，可以培养利用财务报表解读商业模型的会计思考力。

在本章中，我会和大家一起将各种财务报表变换为比例图并进行分析，帮助大家提高会计思考力。

分析财务报表的流程

接下来，我和大家一起对各种企业的简要合并财务报表进行分析，请大家在阅读的同时自己制作比例图，按照以下的顺序思考，效果更佳。

首先，大致地了解一下财务报表的内容，制作比例图。

其次，根据比例图的内容，建立与实际商业活动相关的假设。在这个时候，可以充分利用自己对该行业或该企业的了解，也可以通过报纸、杂志、互联网等渠道获取到的信息。

最后，仔细阅读财务报表，确认在制作比例图时建立的假设是否成立。

简单地说，就是用比例图建立假设，然后用财务报表的详细内容来验证。这个流程非常重要。

那么，让我们以B/S和P/L为中心，实际解读一下不同企业的财务报表吧。

B to C企业的财务报表

首先我们要解读的是面向终端消费者提供产品与服务的B to C企业。

在B to C企业中，我们挑选比较有代表性的几家企业，分别是消费品生产商花王、回转寿司连锁店Kura寿司株式会社，以及电器销售连锁店山田电机。

花王的案例

图表2-1是花王的简要合并财务报表。让我们先从制作比例图开始。在这个时候，请将B/S和P/L按照相同的比例制作（同样金额同样面积），并且左右并列放在一起。

● 图表2-1　花王的简要合并财务报表（2015年12月期）

B/S

项目	金额 （十亿日元）	项目	金额 （十亿日元）
（资产部分）		（负债部分）	
流动资产	733	流动负债	377
现金与活期存款	125	应付账款	134
应收账款	206	未付款	76
有价证券	159	未付费用	99
库存资产	158	其他	69
其他	86	固定负债	217
固定资产	549	公司债券	50
有形固定资产	328	长期贷款	70
建筑	106	退休金	74
机械设备	120	其他	23
工具	13	负债合计	595
土地	65	（净资产部分）	
其他	23	资本金	85
无形固定资产	144	资本盈余	109
商誉	127	利润盈余	502
其他	17	自有股份	-8
投资及其他资产	77	其他利润累计额	-12
有价证券	22	新股预约权	1
其他	55	少数股东持有部分	11
		净资产合计	687
资产合计	1,282	负债净资产合计	1,282

按照上述要求制作出来的比例图如图表2-2所示。

P/L

项目	金额 （十亿日元）
销售额	1,472
销售成本	658
销售总利润	814

（续表）

项目	金额（十亿日元）
销管费	649
打包与发货费	86
广告宣传费	94
促销费	78
员工工资·奖金	133
研究开发费	52
其他	206
营业利润	164
营业外收益	8
营业外费用	3
经常利润	169
特别利润	2
特别损失	9
税前利润	162
法人税、住民税及事业税	50
法人税等调整额	13
少数股东利润	1
当期净利润	99

● 图表2-2　花王的合并B/S、P/L的比例图（2015年12月期）

B/S（单位：十亿日元）

- 流动资产 733
- 流动负债 377
- 固定负债 217
- 有形固定资产 328
- 净资产 687
- 无形固定资产 144
- 投资及其他资产 77

P/L（单位：十亿日元）

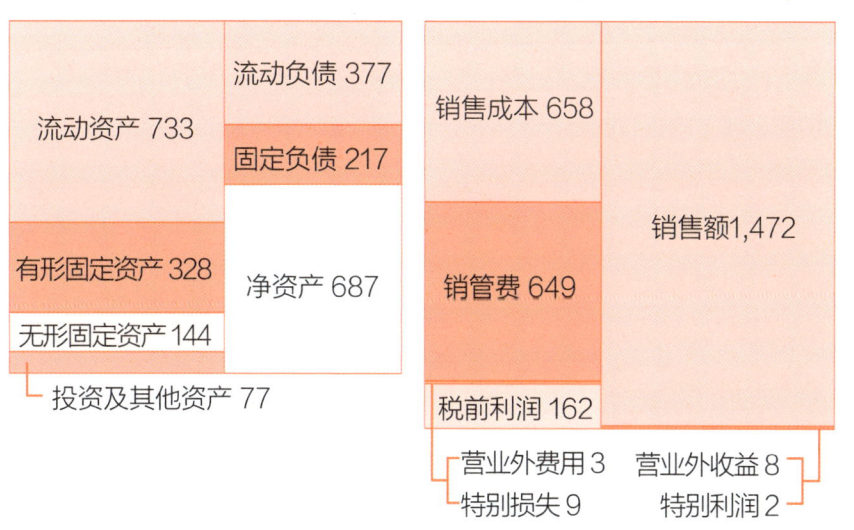

- 销售成本 658
- 销售额 1,472
- 销管费 649
- 税前利润 162
- 营业外费用 3
- 营业外收益 8
- 特别损失 9
- 特别利润 2

根据这份比例图，能够建立起哪些假设呢？

首先，从比例图B/S的左侧来看，流动资产的金额最大。因为花王是消费品生产企业，所以产品肯定有库存。另外花王的主要交易对象是批发商和零售店，所以应收账款等销售债权也都被计算在流动资产中。

在有形固定资产中，工厂的建筑、机械设备和土地肯定占较多的比例，这是可以预见得到的。此外，无形固定资产也高达1,440亿日元。关于这部分的具体内容，一会儿应该通过B/S的详细项目再确认一下为好。

再看B/S的右侧，净资产的比例最为引人注目。很可能是过去积累下来的利润都被计算在利润盈余中。

接下来看P/L的比例图。销售额14,720亿日元，销售成本6,580亿日元，说明成本率为44.7%。制造业的成本率一般在70%~80%左右，因此这个成本率可以说很低。

花王的成本率之所以这么低，可能是因为在其事业中含有成本率很低的化妆品事业。通过控制成本来生产和销售附加价值高的产品，就可以使成本率保持在较低的水平。

与之相对的，花王的销管费高达6,490亿日元。这可能是因为花王作为消费品生产商，需要积极地开展广告宣传。关于这一点，一会儿可以通过P/L中销管费的详细内容来确认。

像这样通过比例图建立假设之后，接下来先看一看B/S的详细内容。

和我们刚才建立的假设一样，在流动资产中应收账款为2,060亿日元，库存资产为1,580亿日元。除此之外，还有1,250亿日元的现金与活期存款、1,590亿日元的有价证券都被计算在流动资产中。因为流动资产中的有价证券基本都是以短期交易为目的，所以基本等同于现金。也就是说，花王手中有接近3,000亿日元的资金。

在有形固定资产中，建筑和机械设备的金额都比较高，可见工厂的资产也被计算在内。无形固定资产中商誉的金额较高。正如我在第一章中说明过的那样，经历过M&A的企业，大多商誉都比较高。花王在2006年收购了化妆品生产企业钟纺株式会社，这可能是导致其商誉一项金额较高的原因。

再来看B/S右侧的净资产部分，这部分也和假设一样，利润盈余比较高。由此可见花王过去的业绩一直不错。

接下来让我们看一看P/L中销管费的详细内容。其中金额最高的是员工工资·奖金。对于主要经销日用品和化妆品等消费品的花王来说，需要投入大规模的人员到营业中，因此人工费比较高也是很正常的。

此外，广告宣传费和促销费的金额也很高。这说明花王积极地通过电视广告来进行宣传，并且经常在店铺举办促销活动，结果导致销管费在销售额中占比非常高。

不过，花王在税前利润阶段仍然保证了相当于销售额11.0%的利润。这部分利润直接关系到之前提到过的B/S的利润盈余的积累。

Kura寿司株式会社的案例

图表2-3是回转寿司连锁店Kura寿司株式会社的财务报表。

根据这个财务报表制作的比例图如图表2-4所示。

先来看比例图。在B/S的左侧，流动资产的比例之小非常引人注目。

这是因为Kura寿司株式会社主要运营回转寿司连锁店，库存大多是鱼等生鲜食材。这些食材非常容易腐坏，所以库存不能太多。

此外，作为顾客的消费者基本都是以现金支付，因此基本没有应收账款，这也是导致流动资产比例较小的原因之一。

● 图表2-3　Kura寿司株式会社的简要合并财务报表（2016年10月期）

B/S

项目	金额（百万日元）	项目	金额（百万日元）
（资产部分）		（负债部分）	
流动资产	12,047	流动负债	12,169
现金与活期存款	10,293	应付账款	4,436
原材料及储备品	629	租赁债务	1,312
其他	1,125	未付款	3,905
固定资产	34,480	未付法人税等	1,412
有形固定资产	23,825	其他	1,104
建筑	16,216	固定负债	4,151
机械设备	746	租赁债务	2,390
土地	3,111	弃置费用	1,449
租赁资产	3,396	其他	311
其他	357	负债合计	16,319
无形固定资产	378	（净资产部分）	
投资及其他资产	10,277	资本金	2,005
关联企业的股份	1,149	资本盈余	2,334
长期租赁金	3,679	利润盈余	28,181
保证金	4,184	自有股份	-2,353
其他	1,264	其他利润累计额	40
		净资产合计	30,207
资产合计	46,527	负债净资产合计	46,527

P/L

项目	金额（百万日元）
销售额	113,626
销售成本	52,176
销售总利润	61,450
销管费	54,922
员工工资·奖金	28,416
租赁费	6,823
其他	19,683
营业利润	6,528
营业外收益	624
营业外费用	344
经常利润	6,809
特别利润	0
特别损失	163

（续表）

项目	金额（百万日元）
税前利润	6,645
法人税、住民税及事业税	2,255
法人税等调整额	-40
当期净利润	4,430

● 图表2-4　Kura寿司株式会社的合并B/S、P/L的比例图（2016年10月期）

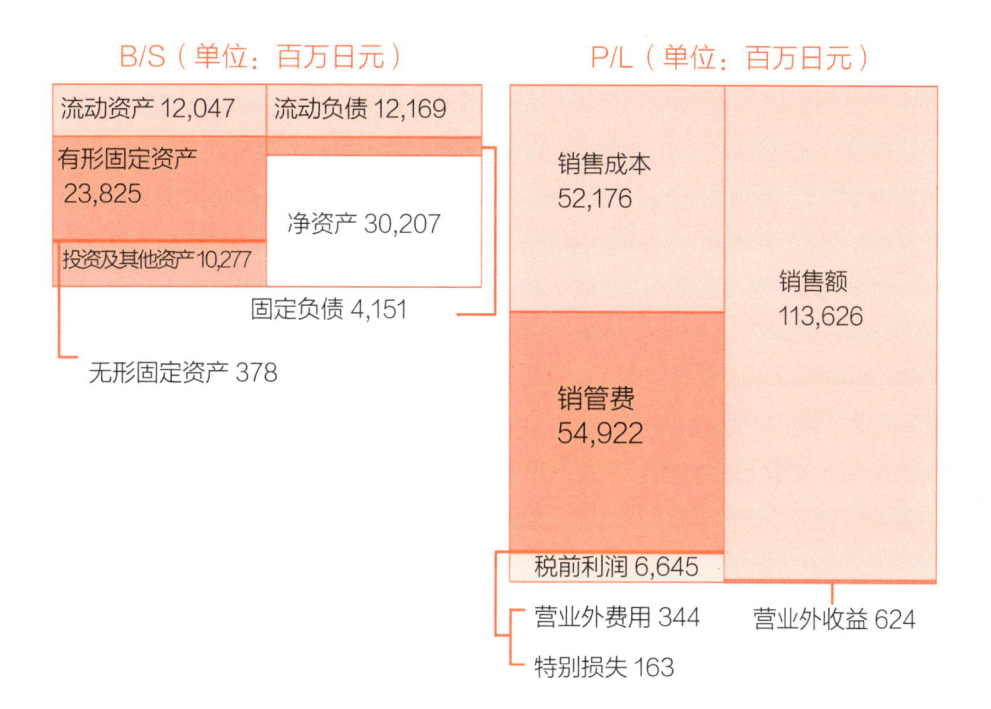

B/S（单位：百万日元）

- 流动资产 12,047
- 流动负债 12,169
- 有形固定资产 23,825
- 净资产 30,207
- 投资及其他资产 10,277
- 固定负债 4,151
- 无形固定资产 378

P/L（单位：百万日元）

- 销售成本 52,176
- 销售额 113,626
- 销管费 54,922
- 税前利润 6,645
- 营业外费用 344
- 营业外收益 624
- 特别损失 163

　　另一方面，Kura寿司株式会社的有形固定资产高达238亿日元。这部分可能是将企业自身拥有的店铺建筑和土地都计算在内。从投资及其他资产所占比例也比较大这一点上来看，可能租赁店铺的保证金也被计算在内。

　　一般来说，自己拥有的店铺所占的比例越大，B/S的规模就越大，但从图表2-4可以看出，Kura寿司株式会社的B/S与P/L相比规模很小，由此可以推测Kura寿司株式会社有很大比例的店铺都是租赁的。

　　接着再来看B/S的右侧，净资产302亿日元，在总资产（负债与净资产的合计）中占65%。可见Kura寿司株式会社是对负债依赖度比较低的企业。

然后看P/L。

与1,136亿日元的销售额相比，销售成本为522亿日元，成本率为45.9%。一般来说，餐饮业的成本率在30%左右，Kura寿司株式会社的成本率在餐饮连锁企业中属于比较高的。

回转寿司连锁店因为以较低的价格提供成本较高的新鲜鱼类，所以成本率都在50%左右。为了保证利润，回转寿司店都会想办法降低店铺的运营成本，这也可以说是回转寿司连锁店的基本商业模式。

请大家回忆一下，近年来Kura寿司株式会社是不是推出了不少寿司之外的餐品，比如蒸蛋、乌冬面等。在2015年7月，Kura寿司株式会社还推出了咖喱饭。

虽然我不能断言Kura寿司株式会社所有寿司之外的餐品成本率都很低，但至少可以看出Kura寿司株式会社的意图：通过推出寿司之外的餐品，在保证寿司品质的基础上降低成本率。

接下来看销管费，销管费之所以金额和比例都很高，可能是因为Kura寿司株式会社在店铺员工的人工费和店铺的租赁费上开销很大。

掌握了上述信息之后再来看财务报表，就会发现我们之前建立的假设基本都是正确的。

于是，在保证寿司品质的基础上，一个为了降低成本率推出符合顾客需求的其他餐品来保证利润的企业形象就这样一点一点地浮现了出来。

可以说，Kura寿司株式会社正是因为实现了这样一个能够创造利润的商业模式，才构筑起如此稳固的财务基础。

山田电机的案例

最后为大家介绍的是电器销售连锁店山田电机的案例。山田电机的财务报表如图表2-5所示,比例图如图表2-6所示。与之前介绍过的企业一样,我们首先从B/S的比例图开始。

● 图表2-5　山田电机的简要合并财务报表(2016年3月期)

B/S

项目	金额（十亿日元）	项目	金额（十亿日元）
（资产部分）		（负债部分）	
流动资产	500	流动负债	297
现金与活期存款	32	应付账款	80
应收账款	59	短期贷款	68
库存资产	361	一年内需偿还的长期贷款	59
其他	48	点券款	17
		其他	73
固定资产	646	固定负债	292
有形固定资产	439	公司债券	100
建筑	225	长期贷款	105
土地	185	弃置费用	24
租赁资产	11	其他	63
其他	19	负债合计	589
		（净资产部分）	
无形固定资产	35	资本金	71
		资本盈余	73
投资及其他资产	172	利润盈余	458
有价证券	4	自有股份	-68
长期租赁金	9	其他利润累计额	0
保证金	113	新股预约权	1
其他	45	少数股东持有部分	23
		净资产合计	558
资产合计	1,147	负债净资产合计	1,147

P/L

项目	金额（十亿日元）
销售额	1,613
销售成本	1,153
销售总利润	460

（续表）

项目	金额（十亿日元）
销管费	401
广告宣传费	29
员工工资·奖金	107
租赁费	74
折旧费	20
点券促销费	46
其他	126
营业利润	58
营业外收益	17
营业外费用	13
经常利润	63
特别利润	2
特别损失	14
税前利润	51
法人税、住民税及事业税	19
法人税等调整额	0
当期净利润	32
属于少数股东的当期净利润	2
属于母公司股东的当期净利润	30

● 图表2-6　山田电机的合并B/S、P/L的比例图（2016年3月期）

B/S（单位：十亿日元）

- 流动资产 500
- 流动负债 297
- 固定负债 292
- 有形固定资产 439
- 净资产 558
- 投资及其他资产 172
- 无形固定资产 35

P/L（单位：十亿日元）

- 销售成本 1,153
- 销售额 1,613
- 销管费 401
- 营业外费用 13　营业外收益 17
- 特别损失 14　特别利润 2
- 税前利润 51

在B/S的左侧，金额最大的是流动资产的5,000亿日元。山田电机是电器销售连锁店，店铺里应该有很多的库存，这可能占了流动资产的绝大部分。同时，山田电机和Kura寿司株式会社一样，主要的顾客群体都是终端消费者，所以应收账款比较少。

有形固定资产的金额之所以也很高，可能是因为山田电机自己拥有很多店铺和物流中心的缘故吧。此外，在投资及其他资产中应该包含保证金。这可以说是店铺销售商业活动的共同特点。

接下来再看B/S比例图的右侧。首先是负债与净资产之间的比例接近是50∶50。可见山田电机在开展事业时充分利用了负债。

再来看P/L的比例图，销售成本大约占销售额的71.5%。零售业的销售成本一般在60%~70%左右，与之相比，山田电机的成本率稍微高出一点。

这是因为家电产品的价格竞争比较激烈，所以成本所占的比率较高。如果不控制销管费的话就很难获得利润。

但与广告宣传和销售活动相关的人工费和店铺租赁费等费用很难控制。因此，最终手上剩下的利润往往不是很多。山田电机也是如此，虽然销售额高达16,130亿日元，但税前利润只有510亿日元（占销售额的3.2%），利润率可以说非常低。

现在让我们来仔细地看一下B/S和P/L的原图表。

B/S的内容基本和我们之前的假设一样。唯一与假设不同的就是在流动资产项目中，也计算了应收账款。由此可见，山田电机的顾客虽然以终端消费者为主，但可能也包括一部分法人顾客。经过实际调查后发现，山田电机确实设有面向法人的销售窗口，应收账款的债权很可能就是由此产生的。

接下来再看P/L的销管费的详细内容。

这部分也和之前的假设一样，员工工资·奖金、租赁费、广告宣传费等占很大的比例。除此之外值得注意的是点券促销费。

在山田电机购买商品的时候，积分卡上都会累积一些积分，这些积分可以在将来购物的时候当作现金使用。因为这部分对山田电机来说属于费用，所以以点券促销费的名义被计算在销管费中。

与580亿日元的营业利润相对的是高达460亿日元的点券促销费，可见能够充当现金使用的点券对利润的影响十分严重。但为了与其他对手竞争，点券又是不可缺少的竞争手段，相信山田电机也对这一点感到非常头疼吧。

B to C企业财务报表的特征

在本节中，我们分析了花王、Kura寿司株式会社、山田电机的财务报表。这些企业的业态和商业模式各不相同，从中我们可以整理出一些B to C企业的特征。

在B to C企业的B/S中，因为制造业需要工厂，餐饮业和零售业需要店铺，所以有形固定资产在资产整体中所占的比例都比较大。

此外，除了像Kura寿司株式会社那样每天准备新鲜食材的情况之外，绝大多数的B to C企业都拥有一定金额的库存资产。而应收账款一项，除了像花王那样以批发商和零售商等法人为交易对象的企业需要计算之外，其他面向终端消费者的企业都不计算这项内容。

在P/L中，由于每个企业的商品和服务各不相同，因此销售额与销售成本之间的比例也各不相同。在对销售成本进行分析时，最好与同行业的竞争对手对比。

关于销管费一项，因为B to C企业是面向终端消费者的企业，所以花在营业、销售、市场调研方面的费用都很多。具体来说，包括与营业销售相关的人工费、广告宣传费、店铺租赁费等。因此，对于B to C企业来说，销管费在销售额中的占比都比较高。

此外，还有像山田电机的点券促销费那样的特别费用，有时候也会被计算在内，在对财务报表进行分析的时候需要注意。

B to B企业的财务报表

B to B企业,指的是为其他企业提供生产材料的企业。

我们作为终端消费者,可能对B to B企业不是很熟悉,但在B to B企业之中,有许多收益性极高的优良企业。

接下来,我将为大家介绍钢铁生产企业新日铁住金和化学生产企业信越化学工业的财务报表。

新日铁住金的案例

新日铁住金的B/S和P/L如图表2-7所示,比例图如图表2-8所示。

和之前的例子一样,我们还是先从比例图开始。

首先,在B/S比例图的左侧,金额最大的是有形固定资产。新日铁住金作为钢铁生产企业,肯定拥有规模庞大的钢铁厂。这些钢铁厂的建筑、生产设备和土地都被计算在有形固定资产中。

流动资产19,900亿日元。这是因为新日铁住金是B to B的生产企业,所以拥有较高的销售债权。另外,应该还拥有很多的钢铁库存。

● 图表2-7 新日铁住金的简要合并财务报表（2016年3月期）

B/S

项目	金额（十亿日元）	项目	金额（十亿日元）
（资产部分）		（负债部分）	
流动资产	1,990	流动负债	1,615
现金与活期存款	85	应付账款	589
应收账款	523	短期贷款	400
库存资产	1,111	一年内需偿还的长期贷款	50
其他	271	未付款	333
固定资产	4,435	其他	243
有形固定资产	2,579	固定负债	1,801
建筑	682	公司债券	336
机械设备	1,029	长期贷款	1,209
土地	593	退休金	129
在建工程	224	其他	127
其他	52	负债合计	3,416
无形固定资产	88	（净资产部分）	
商誉	42	资本金	420
软件	39	资本盈余	383
其他	7	利润盈余	1,828
投资及其他资产	1,768	自有股份	-88
有价证券	592	其他利润累计额	221
关联企业股份	980	少数股东持有部分	235
其他	196	净资产合计	3,009
资产合计	6,425	负债净资产合计	6,425

P/L

项目	金额（十亿日元）
销售额	4,907
销售成本	4,288
销售总利润	619
销管费	451
运送费	107
员工工资·奖金	118
研究开发费	54
其他	172
营业利润	168
营业外收益	108
营业外费用	75

（续表）

项目	金额（十亿日元）
经常利润	201
特别利润	63
特别损失	33
税前利润	231
法人税、住民税及事业税	49
法人税等调整额	31
当期净利润	152
属于少数股东的当期净利润	6
属于母公司股东的当期净利润	145

● 图表2-8　新日铁住金的合并B/S、P/L的比例图（2016年3月期）

B/S（单位：十亿日元）

- 流动资产 1,990
- 有形固定资产 2,579
- 无形固定资产 88
- 投资及其他资产 1,768
- 流动负债 1,615
- 固定负债 1,801
- 净资产 3,009

P/L（单位：十亿日元）

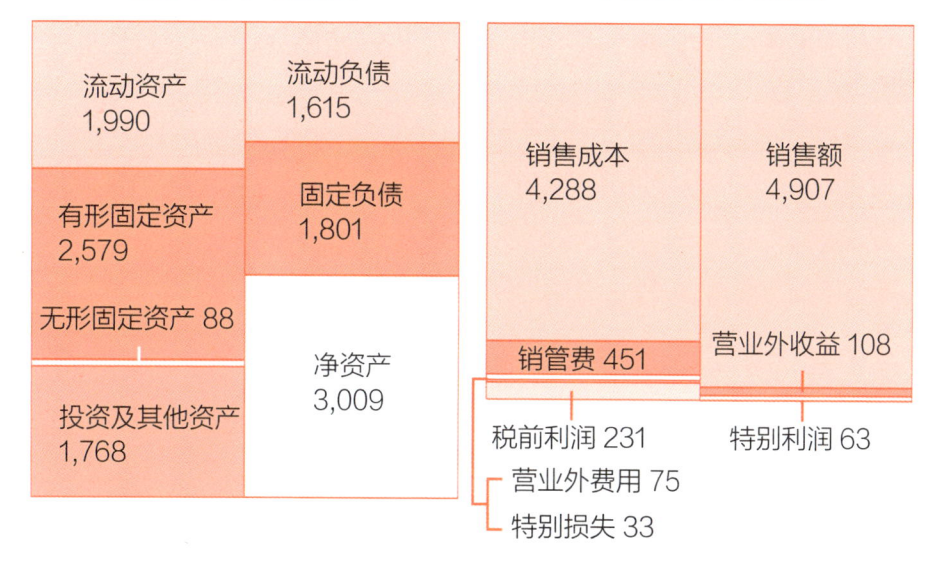

- 销售成本 4,288
- 销管费 451
- 销售额 4,907
- 营业外收益 108
- 税前利润 231
- 特别利润 63
- 营业外费用 75
- 特别损失 33

投资及其他资产的金额也不小。这部分究竟都包括哪些内容呢？一会儿需要通过B/S的原图表来确认一下。

接着再看B/S比例图的右侧。负债和净资产的比例差不多是一半一半。由此可见，建造钢铁厂的资金可能有一部分是通过负债来筹集的。

看完了B/S，让我们再来看看P/L。销售成本在销售额中所占的比率高达87.4%，与我们之前看到的BtoC企业相比高出不少。但另一方面，销管费4,510

第二章　解读商业模型的会计思考力 | 047

亿日元，只占销售额的9.2%。根据上述情况不难看出，B to B企业与B to C企业相比，虽然成本率更高，但通过控制销管费仍然能够保证获得利润。

根据以上分析得出的结论，我们来重新分析一下B/S和P/L的原图表。首先是B/S的资产部分，和我们的预想基本一致。

在投资及其他资产项目中，有价证券（5,920亿日元）和关联企业股份（9,800亿日元）的金额比较巨大。这说明新日铁住金对集团企业的股票和其他企业的投资比较多。如果想进一步了解这些投资的详细内容，可以调查有价证券报告书。再来看B/S的右侧，贷款和公司债券都被计算在负债的部分，可见新日铁住金确实通过有利息负债来投资设备。

在P/L中销管费的部分，运送费、员工工资·奖金的金额比较高。因为钢铁产品很重，所以运送起来要花费很高的成本，这些运送费都被计算在销管费中。

不过，在销管费中几乎没有广告宣传费，人工费所占的比例也比B to C企业低很多，所以总体来看销管费在销售额中的占比并不高。

信越化学工业的案例

让我们再来看一个B to B企业的例子。

信越化学工业是生产聚氯乙烯（PVC）和硅晶圆等电子材料的化学生产企业。信越化学工业的B/S和P/L如图表2-9所示，比例图如图表2-10所示。

先看图表2-10的B/S比例图，左侧金额最大的是流动资产（14,530亿日元），紧接着是有形固定资产（8,050亿日元）。

与新日铁住金一样，信越化学工业的流动资产中应该也包含销售债权和库存资产，但流动资产所占的比例比新日铁住金更大。关于这部分有必要通过B/S原图表对流动资产的详细内容进行确认。

● 图表2-9 信越化学工业的简要合并财务报表（2016年3月期）

B/S

项目	金额（十亿日元）	项目	金额（十亿日元）
（资产部分）		（负债部分）	
流动资产	1,453	流动负债	282
现金与活期存款	597	应付账款	116
应收账款	269	短期贷款	8
有价证券	236	未付款	49
库存资产	281	非支付费用	57
其他	69	其他	53
		固定负债	148
固定资产	1,057	长期贷款	5
有形固定资产	805	递延所得税负债	96
建筑	170	退休金	33
机械设备	410	其他	13
土地	83	负债合计	430
在建工程	134	（净资产部分）	
其他	8	资本金	119
		资本盈余	129
无形固定资产	13	利润盈余	1,731
		自有股份	-33
投资及其他资产	239	其他利润累计额	82
有价证券	130	少数股东持有部分	52
其他	109	净资产合计	2,080
资产合计	2,510	负债净资产合计	2,510

P/L

项目	金额（十亿日元）
销售额	1,280
销售成本	930
销售总利润	350
销管费	141
运送费	35
员工工资·奖金	24
研究开发费	16
其他	65
营业利润	209
营业外收益	21

（续表）

项目	金额（十亿日元）
营业外费用	9
经常利润	220
税前利润	220
法人税、住民税及事业税	65
法人税等调整额	4
当期净利润	150
属于少数股东的当期净利润	2
属于母公司股东的当期净利润	149

● 图表2-10　信越化学工业的合并B/S、P/L的比例图（2016年3月期）

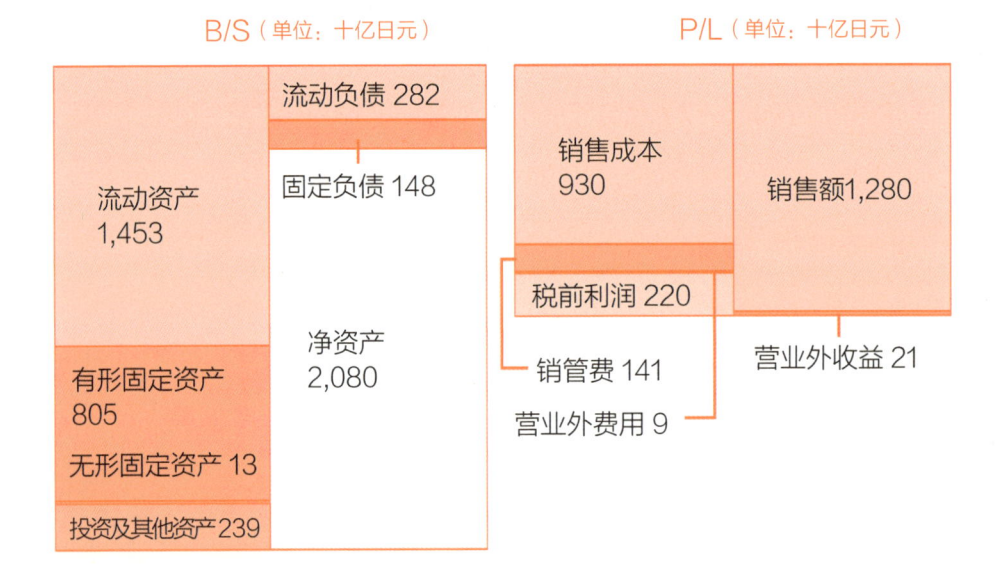

B/S（单位：十亿日元）

- 流动资产 1,453
- 有形固定资产 805
- 无形固定资产 13
- 投资及其他资产 239
- 流动负债 282
- 固定负债 148
- 净资产 2,080

P/L（单位：十亿日元）

- 销售成本 930
- 销管费 141
- 营业外费用 9
- 税前利润 220
- 销售额 1,280
- 营业外收益 21

　　信越化学工业的有形固定资产应该也计算了工厂的建筑、设备和土地等项目。

　　再来看B/S的右侧，信越化学工业的净资产所占的比例很大，占总资本的82.9%，由此可以推断其基本处于无贷款的状态。这个B/S的右侧可以说是优良企业的典型模板。

　　然后看P/L的比例图，销售成本占销售额的72.7%，这个数字与前文中

B to C企业山田电机的成本率很接近。

与此同时，信越化学工业的销管费占销售额的11.0%，与新日铁住金相差无几。其税前利润为2,200亿日元，相当于销售额的17.2%。由此可见，信越化学工业属于收益性极高的企业。

接下来重新看B/S和P/L的原图表。在B/S的流动资产一项中，现金与活期存款占流动资产的41.1%。考虑到B/S右侧净资产所占的比例，这些现金与活期存款可能都是信越化学工业积累下来的利润盈余。

然后看P/L中销管费的详细内容，主要项目包括运送费、员工工资·奖金、研究开发费，与之前的新日铁住金基本相同。

信越化学工业的B/S和P/L充分体现出了一个高收益B to B企业的特征。信越化学工业凭借低廉的原材料成本和优秀的技术实力，成功地在全球市场获得了较高的占有率。

除了信越化学工业之外，像村田制作所等优良B to B企业的财务报表也都和信越化学工业的财务报表很相似。

B to B企业财务报表的特征

本节中介绍的两个B to B企业，新日铁住金和信越化学工业的共同点是：P/L中的销管费都只占销售额的10%左右。

与B to C企业不同，B to B企业不需要在广告宣传和销售活动上投入太多的成本，因此销管费的占比很低。

另一方面，新日铁住金由于成本率相对较高，导致利润率不怎么高，而信越化学工业通过将成本率控制在较低的范围内，成功地赚取了极高的利润。

由于B to B企业的工厂建筑、设备、土地等都被计算在B/S之内，因此有形固定资产的金额较高，其规模是由生产的产品决定的。

IT风险企业的财务报表

近年来IT企业发展神速,存在感也越来越强,接下来就让我们一起来分析一下IT企业的财务报表吧。

IT风险企业大多拥有独特的商业模式,这些商业模式上的特点究竟会在财务报表上如何表现出来呢?

在这里我要为大家介绍的是运营家庭美食交流网站Cookpad的财务报表。

Cookpad的案例

图表2-11是Cookpad的简要合并财务报表。仔细观察之后就会发现,这份财务报表和我们之前接触过的合并财务报表在形式上稍微有些区别。

事实上,我在前面介绍的那些企业,全都是按照日本会计基准制作的财务报表,而Cookpad则是按照国际会计基准制作的财务报表。近年来,按照国际会计基准来制作财务报表的企业越来越多。其中的原因我将在第四章中为大家说明。

关于按照日本会计基准制作的财务报表和按照国际会计基准制作的财务报表之间的区别,感兴趣的读者可以参考这方面的专业书籍,会有更为详细的介绍，在此我只对这部分内容做简要解说。

在国际会计基准中，B/S被称为"合并财务状况表"。日本会计基准中的固定资产被称为非流动资产，固定负债被称为非流动负债，净资产被称为资本。

按照国际会计基准制作的P/L中，在营业利润的下方，没有营业外收益、营业外费用、特别利润、特别损失等项目，"经常利润"项目也没有出现。

日本会计基准和国际会计基准之间还有很多不同之处，但大家不必在意这些内容，首先还是从把握整体情况开始。

● 图表2-11　Cookpad的简要合并财务报表（2015年12月期）

B/S

项目	金额（百万日元）	项目	金额（百万日元）
（资产部分）		（负债部分）	
流动资产	16,710	流动负债	3,723
现金及现金等价物	13,048	贷款	118
营业债权及其他债权	3,327	营业债务及其他债务	1,247
库存资产	265	其他金融负债	45
其他	159	未支付法人所得税等	1,837
		其他	476
非流动资产	10,785	非流动负债	375
有形固定资产	552	贷款	130
商誉	7,231	其他金融负债	43
无形资产	329	特种基金	201
根据权益法处理的投资	100	负债合计	4,098
其他金融资产	1,980	（资本部分）	
递延所得税资产	584	资本金	5,230
其他非流动资产	8	资本盈余	5,107
		利润盈余	10,597
		自有股份	-2
		其他资本构成要素	146
		少数股东持有部分	2,318
		资本合计	23,396
资产合计	27,494	负债资本合计	27,494

P/L

项目	金额（百万日元）
销售收益	14,716
销售成本	1,411
销售总利润	13,306
销管费	7,111
员工工资・奖金	3,350
销售手续费	835
业务委托费	437
其他	2,489
其他收益	626
其他费用	277
营业利润	6,544
金融收益	122
金融费用	4
联营企业净损失中的权益	6
所得税等调整前当期利润	6,657
法人税所得税费用	2,550
当期利润	4,107
属于母公司股东的当期利润	4,091
属于少数股东的当期利润	17

● 图表2-12　Cookpad的合并B/S、P/L的比例图（2015年12月期）

B/S（单位：百万日元）

流动资产 16,710
流动负债 3,723
非流动负债 375
有形固定资产 552
资本 23,396
商誉 7,231
其他 3,001

P/L（单位：百万日元）

销售成本 1,411
销管费 7,111
销售收益 14,716
税前利润 6,657
其他收益 626
其他费用 277
金融收益 122
金融费用 4
联营企业净损失中的权益 6

图表2-12是Cookpad的B/S和P/L的比例图。虽然在项目上与之前按照日本会计基准制作的财务报表有所不同，但仍然可以根据其中金额较大的项目来制作比例图。经过前面的那些练习之后，想必大家对制作比例图也有一定的掌握了吧，大家不妨尝试一下有助于自己分析的制作方式，而不必拘泥于图表2-12的制作方法。

先来看B/S的比例图，与左侧巨额的流动资产相比，有形固定资产的金额相对较小。这说明IT企业虽然也需要服务器等硬件设备，但与制造业相比，对有形固定资产的依赖度较低。

另一方面，商誉一项的金额高达72亿日元。由此可见Cookpad似乎在积极地进行M&A。经过调查后发现，Cookpad为了在海外开展事业实现多元化发展，进行了大量的M&A，这可能是导致商誉如此之高的原因。

接下来看B/S的右侧，可以发现Cookpad的负债较低，大部分都是资本。结合之前巨额的流动资产来看，Cookpad很有可能将过去获得的利润盈余都以现金和现金等价物的形式持有在手中。

然后让我们来看一看P/L的比例图。最引人注目的是销售成本所占的比例非常小。Cookpad主要的收入来源是付费会员支付的会费、食品生产企业提供的赞助、网站上的广告收入。这些收益会随着用户数量的增加而增加，但费用却不会增加。Cookpad凭借自身非常强大的吸引用户的能力，获取了巨额利润。

看完比例图后，我们再重新仔细地看一看B/S和P/L的原图表，就会发现之前建立的假设基本都是正确的。B/S左侧的流动资产项目中，现金及现金等价物所占的比例极高。这说明过去的利润盈余都作为现金及现金等价物持有在手中。

再来看P/L的销管费，其中大约一半是人工费。由此可见，Cookpad的费用不会因为销售额的变化而改变，也就是说绝大部分都是固定费用。综上所述，Cookpad属于销售收益增加，利润就会随之增加的固定费用型商业模式。

IT风险企业财务报表的特征

在Cookpad的财务报表中，反映出许多IT风险企业共通的事业结构。

首先，绝大多数IT风险企业都不必拥有大量的有形固定资产，所以固定资产（非流动资产）所占的比例很小。Cookpad因为过去曾经进行过M&A，所以拥有较高的商誉，如果没有进行过M&A的话，固定资产（非流动资产）的比例将会更小。

通过P/L的结构可以看出，Cookpad属于典型的固定费用型商业模式。正如前文中提到过的那样，固定费用型商业模式的销售额受固定费用的影响不大，因此销售额越高利润就越大。结果，企业获得巨额的利润盈余，并作为现金持有在手中。

但反过来说，在销售额不高的创业初期，固定费用所占的比例就相当高。因此，固定费用型属于高风险、高回报的商业模式。

资金短缺会如何在比例图上反映出来

如果企业的经营状况恶化，资金出现短缺，在财务报表上会如何反映出来呢？

正如我在第一章中介绍过的那样，在对业绩不佳、资金短缺的企业进行分析时，确认现金流量表的状况尤为重要。在本节中，我们以2008年破产的不动产公司Urban Corporation为例，对B/S、P/L和现金流量表进行一下分析，找出其破产的原因。

Urban Corporation的案例

Urban Corporation2008年3月期的简要合并财务报表如图表2-13所示。这些财务报表的比例图如图表2-14所示。

● 图表2-13　Urban Corporation的简要合并财务报表（2008年3月期）

B/S

项目	金额（十亿日元）	项目	金额（十亿日元）
（资产部分）		（负债部分）	
流动资产	556	流动负债	248
现金与活期存款	45	应付账款	13
应收账款	2	短期贷款	172
库存资产	438	商业票据	7
共同事业出资金	37	一年内需偿还的长期贷款	15
其他	34	其他	41
固定资产	46	固定负债	223
有形固定资产	21	公司债券	34
建筑	8	有新股预约权的公司债券	27
机械设备	1	长期贷款	152
土地	11	其他	9
其他	1	负债合计	471
无形固定资产	5	（净资产部分）	
		资本金	19
		资本盈余	21
投资及其他资产	20	利润盈余	70
有价证券	9	自有股份	0
其他	10	评估・换算差额等	0
		少数股东持有部分	21
延期资产	0	净资产合计	132
资产合计	603	负债净资产合计	603

P/L

项目	金额（十亿日元）
销售额	244
销售成本	146
销售总利润	98
销管费	28
广告宣传费	3
工资及奖金	8
支付手续费	4
其他	14
营业利润	70
营业外收益	2

（续表）

项目	金额（十亿日元）
营业外费用	10
经常利润	62
特别利润	4
特别损失	4
税前利润	61
法人税、住民税及事业税	25
法人税等调整额	−1
属于少数股东的当期净利润	6
当期净利润	31

现金流量表

项目	金额（十亿日元）
营业活动的现金流	
税前利润	61
折旧费	2
……	
库存资产的增减额	−138
……	
小计	−68
利息及分红的获取额	1
利息的支付额	−8
法人税等支付额	−24
营业活动的现金流	−100
投资活动的现金流	
……	
投资活动的现金流	−11
财务活动的现金流	
短期贷款的净增减额	31
……	
长期贷款的收入	144
偿还长期贷款的支出	−103
发行公司债券的收入	57
偿还公司债券的支出	−39
……	
财务活动的现金流	89
现金及现金等价物的换算差额	0
现金及现金等价物的增减额	−22
现金及现金等价物的期初余额	60
合并范围变更的现金及现金等价物的增加额	4
现金及现金等价物的期末余额	42

● 图表2-14　Urban Corporation的合并财务报表的比例图（2008年12月期）

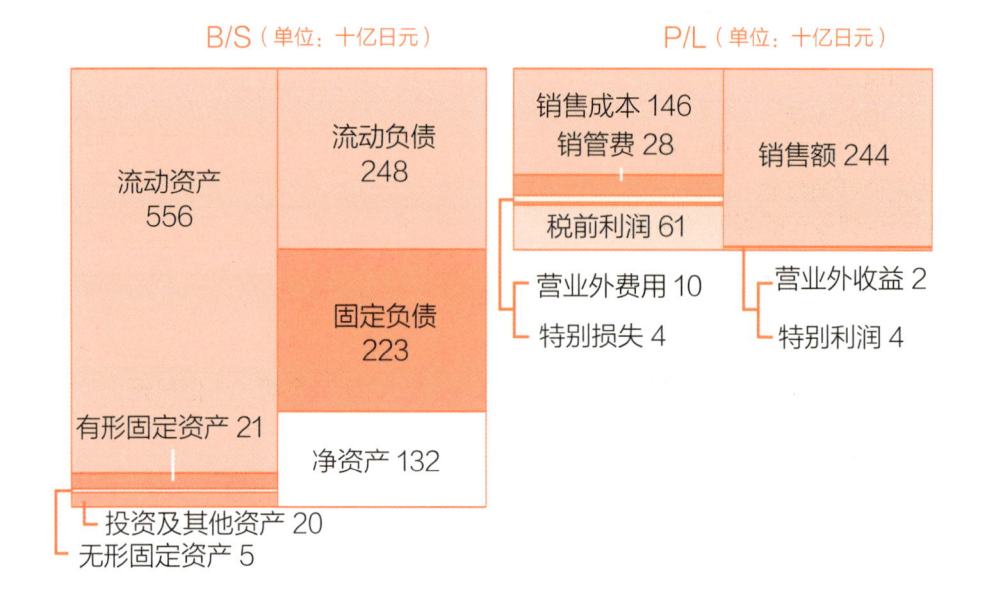

B/S（单位：十亿日元）

- 流动资产 556
- 流动负债 248
- 固定负债 223
- 有形固定资产 21
- 净资产 132
- 投资及其他资产 20
- 无形固定资产 5

P/L（单位：十亿日元）

- 销售成本 146
- 销管费 28
- 销售额 244
- 税前利润 61
- 营业外费用 10
- 特别损失 4
- 营业外收益 2
- 特别利润 4

现金流量表

（单位：十亿日元）

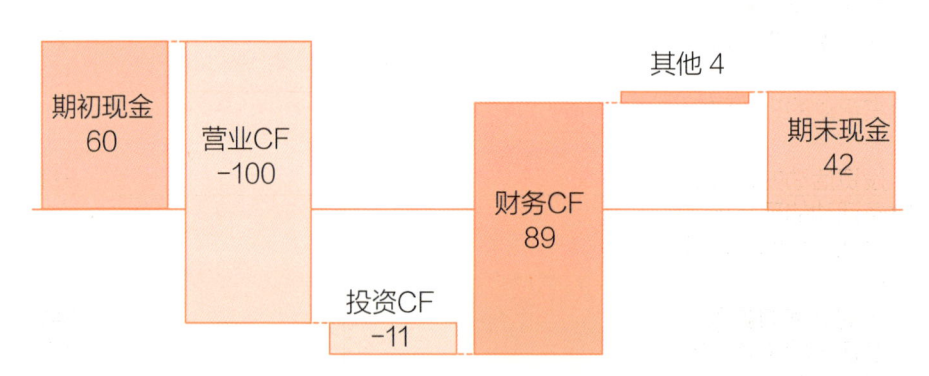

- 期初现金 60
- 营业CF −100
- 投资CF −11
- 财务CF 89
- 其他 4
- 期末现金 42

　　首先看B/S比例图的左侧，流动资产占的比例极大。与之相比，有形固定资产、无形固定资产、投资及其他资产的金额几乎可以忽略不计。一会儿我们应该仔细地确认一下流动资产项目中的详细内容。

　　再来看B/S的右侧，净资产所占的比例只有21.9%，可见Urban Corporation对资金筹集也就是负债的依赖度较高。

接下来看P/L，销售额2,440亿日元，税前利润为610亿日元。如果只看P/L的话，Urban Corporation的利润率比较高，经营状态似乎并没有什么问题。

通过现金流量表发现黑字破产的问题

但在现金流量表上，展现出的却是与P/L截然不同的内容。

首先，Urban Corporation的营业CF为-1,000亿日元，这部分全部由财务CF来弥补。

在这种情况下，就必须对为什么营业CF出现这么大的负数进行确认。让我们来重新看一下图表2-13的现金流量表，营业CF之所以出现这么大的负数，是因为库存资产大幅增加。Urban Corporation为了购买用于销售的不动产，产生了1,380亿日元的支出（资金流出）。再来看B/S左侧的流动资产，其中库存资产的金额高达4,380亿日元。对于不动产行业来说，用于销售的不动产就是库存资产，这部分的金额确实非常巨大。

但Urban Corporation的库存资产相当于自身2年的销售额，这显然是不正常的。虽然Urban Corporation通过贷款和发行公司债券来筹集资金，但在这次决算期之后大约4个月，Urban Corporation终于因为无法继续筹集资金而宣告破产。

导致Urban Corporation破产的直接原因是资金筹集失败，但导致其陷入资金困境的主要原因，还是不动产市场的萧条和库存资产的大幅膨胀。

为什么P/L和现金流量表上呈现出的是截然不同的状况呢？关键在于销售成本的计算方法。以上述情况为例，库存的不动产只有在销售出去之后，才会作为费用计算在销售成本中。也就是说，购买进来但并没有销售出去的不动产，在P/L上并不属于费用。

而从现金流的角度来看，购买用于销售的不动产，在支付发生的同时现金就已经流出，所以在现金流量表上立刻显示为负数。结果，即便P/L上显示的是黑字，但企业仍然会因为资金链断裂出现黑字破产。

要想通过财务报表发现这一状况，就不能只看B/S和P/L，还要对现金流量表仔细分析。

将比例图和实际情况结合起来发现课题

在本章的最后，我将为大家介绍的是负责东京迪士尼度假区运营的东方乐园株式会社。

通过东方乐园株式会社的财务报表，我们能够看到什么样的商业活动模式？又能从中看出东方乐园株式会社存在哪些经营上的课题呢？请大家带着上述疑问对财务报表进行分析。

东方乐园株式会社的案例

东方乐园株式会社的简要合并财务报表如图表2-15所示，比例图如图表2-16所示。

首先从B/S的比例图开始。先看左侧部分，金额最大的是有形固定资产。整个东京迪士尼度假区的土地、建筑等都被计算在内。

这个有形固定资产在资产中所占的比例，与之前介绍过的新日铁住金相当。从这个意义上来说，主题公园事业属于设备型产业。

再来看B/S的右侧，净资产所占的比例非常引人注目。这说明东方乐园株式会社多年来累计赚取了大量的利润，属于对负债的依赖度较低、安全性很高的企业。

● 图表2-15　东方乐园株式会社的简要合并财务报表（2016年3月期）

B/S

项目	金额 （十亿日元）	项目	金额 （十亿日元）
（资产部分）		（负债部分）	
流动资产	294	流动负债	119
现金与活期存款	209	应付账款	19
应收账款	26	一年内需偿还的长期贷款	4
有价证券	33	未支付法人税等	21
库存资产	17	其他	75
其他	9		
固定资产	517	固定负债	66
有形固定资产	439	公司债券	50
建筑	275	长期贷款	3
机械设备	31	其他	13
土地	110	负债合计	185
其他	23	（净资产部分）	
		资本金	63
无形固定资产	11	资本盈余	112
		利润盈余	481
投资及其他资产	67	自有股份	-47
有价证券	55	其他利润累计额	16
其他	11	净资产合计	625
资产合计	810	负债净资产合计	810

P/L

项目	金额 （十亿日元）
销售额	465
销售成本	294
销售总利润	171
销管费	64
员工工资·奖金	14
业务委托费	8
其他	43
营业利润	107
营业外收益	3
营业外费用	1

（续表）

项目	金额 （十亿日元）
经常利润	109
特别利润	0
特别损失	0
税前利润	109
法人税、住民税及事业税	35
法人税等调整额	1
当期净利润	74
属于母公司股东的当期净利润	74

● 图表2-16　东方乐园株式会社的简要合并财务报表的比例图（2016年3月期）

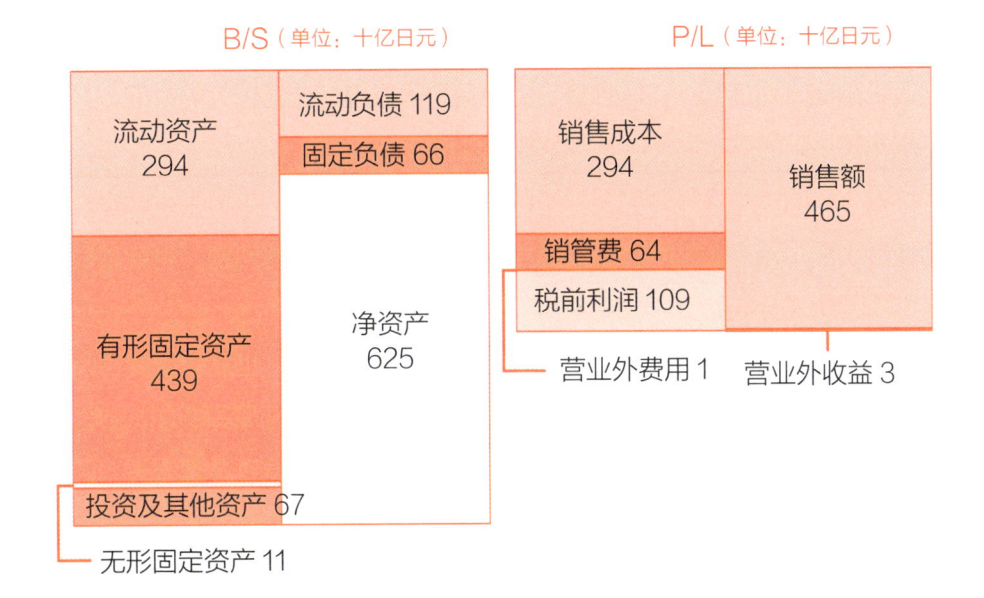

B/S（单位：十亿日元）

- 流动资产 294
- 流动负债 119
- 固定负债 66
- 有形固定资产 439
- 净资产 625
- 投资及其他资产 67
- 无形固定资产 11

P/L（单位：十亿日元）

- 销售成本 294
- 销售额 465
- 销管费 64
- 税前利润 109
- 营业外费用 1
- 营业外收益 3

接下来看P/L的比例图，与4,650亿日元的销售额相对的是2,940亿日元的销售成本。说起主题公园的销售成本，大家可能一时间想不到都包括哪些内容，其实这里包括纪念商品的成本、餐厅的材料费和人工费、园区内的人工费、促销活动费等。

而销管费则以总公司的人工费等为主，所以金额较低。

最终，东方乐园株式会社的税前利润为1,090亿日元，占销售额的

23.4%，可以说取得了非常高的利润。

通过上述分析，大家认为东方乐园株式会社在经营上的课题是什么呢？

这家企业拥有很高的安全性，还取得了非常高的利润，乍看起来似乎没什么问题。主题公园事业和前文中提到过的Cookpad的事业一样，都属于固定费用型商业模式。因此，只要销售额超过一定标准，就能够获取巨额利润。

将数字与现场的情况联系起来发现经营课题

请大家将财务报表上的数字放到一边，回忆一下自己实际去东京迪士尼度假区游玩时的情景。在休息日、黄金周和暑假等客流量较大的时期，如果想玩比较热门的游乐项目，是不是要排队很长时间？

东方乐园株式会社确实获取了巨额利润，但结合我们亲自去乐园里游玩的经验来看，存在园区内混乱不堪导致游客满意度下降的问题。也就是说，东方乐园株式会社处于"过度盈利"的状态。

近年来，东方乐园株式会社在提高园区票价的同时，也宣布了要在园区内继续推进大型投资的计划，可能就是为了应对上述问题而采取的措施吧。

如果不能维持甚至进一步提高游客的满意度，就会导致游客流失。因为主题公园事业属于固定费用型商业模式，所以销售额降低会对利润造成巨大的影响。

我在前文中强调过很多次：在对财务报表进行分析时，不能只看B/S和P/L，还要思考实际的商业活动现场都发生了什么。这样我们就能从"赚钱"和"不赚钱"的基础上进行更加深入的思考。

专栏 2

合并会计与"合并除外"

本书到目前为止介绍的财务报表，全都是合并财务报表。所谓合并财务报表，指的是不仅包括母公司，还包括子公司和关联企业等集团企业的财务报表。

在合并财务报表中，母公司与子公司之间的交易会直接相互抵消，相当于将企业集团看作一个企业整体。

虽然母公司也会公布自己单独的财务报表，但现在对财务报表进行分析时，大多都以合并财务报表为主。这是因为在企业全球化、多元化发展的今天，合并财务报表更能够反映出企业集团的整体情况。

现在，关于哪家公司属于可以被计算在合并财务报表中的子公司，是按照母公司是否实际控制该企业作为判断基准（控制力基准）的，但在2003年3月期之前，则是按照母公司持有该企业股票的百分比来作为判断基准（持股比率基准）。

在合并会计制度从持股比率基准转变为控制力基准时，我所在的经营管理顾问公司接到了许多事业重组（集团重组）的委托。

当时我参加了一个客户企业的重组项目，企业经营者无意中说的一句话，直到现在我仍然记忆犹新，他说："如果导入新的合并基准（控制力基准），那我们企业的损益表上肯定会出现赤字。"这个客户的企业是一家拥有集团公司的大企业，在集团里有不少赤字公司。

事实上，以持股比率作为判断基准的话，企业可以通过故意降低对赤字公司的持股比率来将其排除在合并对象之外。这种手法被称为"合并除外"，当时绝大多数的日本企业都采用这种方法。

但这样一来，合并财务报表就无法准确地反映出企业的真正实力。因此，"持股比率基准"被更能够准确反映企业实力的"控制力基准"所取代。

如果对日本企业的M&A数据进行调查，就会发现在20世纪90年代末，卖出公司的数量大幅增加。这些公司绝大多数都是作为集团重组的一环被卖出的。

前面提到的客户企业，最终也不得不将实在无法扭亏为盈的赤字公司卖出。虽然这样的经营改革伴随着阵痛，但最终的结果还是成功地为企业实现了瘦身，极大地改善了企业的体质。

第三章
发现课题的会计思考力
——使用指标把握现状与课题

本章获得的"武器"

√ 财务指标分析的优势和注意事项
√ 财务指标分析的4个视角
√ 各种财务指标的活用方法
√ 使用财务指标建立经营课题假设的方法

分析财务指标有什么用

比例图的优点与缺点

前文中介绍过的将财务报表变换为比例图的方法，可以使乍看起来非常复杂的财务报表变得一目了然。如果能够灵活地利用这种方法，就可以高效地获取许多信息。

但比例图也有缺点。那就是，在对多个年度的财务报表进行分析时，需要花费太多的时间和精力来制作比例图。

比如要对10年的财务报表进行分析时，如果将这些财务报表都变成比例图的话，光B/S和P/L就要制作20份，如果再算上现金流量表，那加起来要制作30份比例图。即便使用Excel之类的制表软件，也仍然需要花费大量的时间，并不能算是有效率的方法。

财务指标分析的优点与注意事项

在这个时候，利用各种财务指标进行分析的方法就派上用场了。

所谓财务指标分析法，指的是利用财务报表上的各种数值，计算出代表安全性、效率性、收益性、成长性的指标，然后根据这些指标来把握企业状况的方法。这些计算出来的指标可以按照时间顺序整理成表格或者图表，在对多年度的财务报表进行分析时非常高效。

但利用财务指标对财务报表进行分析时必须注意以下两点：

第一，不能只看指标而忽视了更加重要的财务报表。

对于还不习惯经营分析的商务人士和大学生来说，很容易只关注财务指标的计算结果，却没有注意企业实际发生的事情。

但正如我在前两章中说过的那样，财务报表体现的是实际发生的商业活动。因此，根据财务报表的数据计算出来的财务指标也应该和实际的商业活动联系起来。也就是说，诸位读者在进行财务指标分析的时候，必须将"财务指标→财务报表→实际的商业活动"全部联系到一起。

具体来说，就是计算完财务指标之后，一边想象财务报表的内容一边分析。只要习惯了这种方法，就可以根据财务指标的计算结果想象出该企业的比例图。这样对于把握实际的商业活动情况也大有帮助。

第二，不要死记硬背财务指标的公式。

财务指标的计算，只要通过Excel就可以比较简单地实现，死记硬背公式没有任何意义。关键在于搞清楚为什么要用这样的公式来计算财务指标。理解公式的意义，也有助于我们将财务指标与财务报表联系起来。

此外，本章接下来介绍的财务指标中，有许多十分相似的指标，将这些相似的指标进行对比，可以使我们更好地理解财务指标的意义。

通过分析财务指标建立经营课题的假设

利用财务指标进行分析时，大致可以分为安全性、效率性、收益性、成长性这4个视角。

在这个时候，根据以下的论点针对经营的现状和课题建立假设至关重要。

> 安全性： 是否存在破产的风险
> 　　　　有没有能力偿还负债
> 效率性： 经营是否有效率
> 　　　　投入的经营资源是否被有效地利用了起来
> 收益性： 是否充分地取得了经营成果（利益）
> 成长性： 是否拥有较高的成长性
> 　　　　是否还有继续成长的空间

为了尽可能使内容通俗易懂，本书只选取了财务指标分析时必不可少的几个指标进行说明。另外，如果过于追求指标的严谨性，会使计算公式变得非常复杂，因此本书在保证指标相对准确的情况下，尽可能选用简单的计算方法。

分析安全性的指标

要想知道企业是否存在破产的风险，就需要对企业的安全性进行分析。对安全性进行分析时的关键点，大致包括以下3个方面：

> ①对于短期内必须支付的负债（流动负债），是否具备充分的支付能力
> ②对于长期使用的资产（固定资产），以什么形式筹集资金（资本）进行投资
> ③是否能够稳定地筹集资金

在对流动负债的支付能力进行分析时，需要用到流动比率和速动比率这两个指标。这两个指标十分相似，所以放在一起更便于理解。

流动比率如图表3-1的上半部分所示，是流动资产对流动负债的比率。

● 图表3-1　流动比率与速动比率

$$流动比率 = \frac{流动资产}{流动负债} \times 100\,(\%)$$

$$速动比率 = \frac{速动资产}{流动负债} \times 100\,(\%)$$

流动资产是能够短期内变现的资产，流动负债是必须短期内偿还的负债，因此这个指标代表企业对短期负债有多大的偿还能力。

流动比率的数值越高，说明企业的安全性越高。

让我们来想象一下流动比率高的企业的B/S的比例图。如图表3-2的左侧所示，流动比率超过100%的企业，流动资产所占的面积比流动负债的面积更大。

● 图表3-2　流动比率与B/S的关系

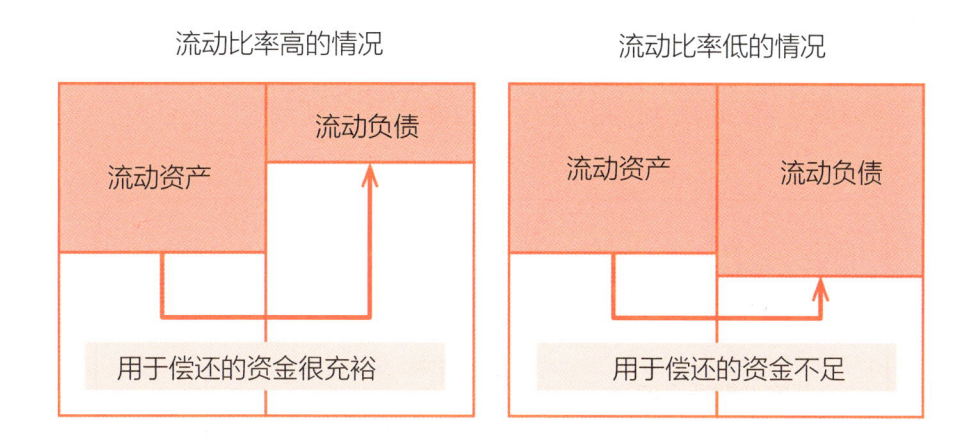

流动比率高的情况	流动比率低的情况
流动资产　流动负债　用于偿还的资金很充裕	流动资产　流动负债　用于偿还的资金不足

反之，流动比率不足100%的企业，则如图表3-2右侧所示，流动负债所占的面积比流动资产的面积更大。在看到流动比率的计算结果时，首先就应该在大脑里映出这样的比例图。

我在第一章中介绍过，流动资产是能够在短期内变现的资产，但实际上在流动资产中也有无法短期变现的资产。比如库存资产中难以出手的"积压商品"就属于难以短期变现的资产，在拥有这种流动资产的情况下，流动比率就无法准确地表现出该企业的短期支付能力。

因此，在使用流动比率时还需要同时使用另外一个指标，那就是在图表3-1的下半部分所示的速动比率。速动比率是只将流动资产中易于变现的资产（速动资产）提取出来，与流动负债进行对比后的比率。如果速动比率高于100%，则说明企业拥有充足的偿还能力。

速动资产的数据并不会出现在财务报表中，需要我们自己动手计算。一般来说，在B/S中位于库存资产上方的现金与活期存款、应收账款、有价证券等都属于速动资产。

接下来为大家介绍的是对"覆盖固定资产的都有哪些资本"进行分析时需要用到的两个指标，分别是固定比率和固定长期适用率。

图表3-3的上半部分是固定比率，下半部分是固定长期适合率，两者的分子部分都是固定资产。但分母部分则分别是净资产、净资产与固定负债之和。

● **图表3-3　固定比率与固定长期适合率**

$$\text{固定比率} = \frac{\text{固定资产}}{\text{净资产}} \times 100\,(\%)$$

$$\text{固定长期适合率} = \frac{\text{固定资产}}{(\text{净资产}+\text{固定负债})} \times 100\,(\%)$$

● **图表3-4　固定比率与B/S的关系**

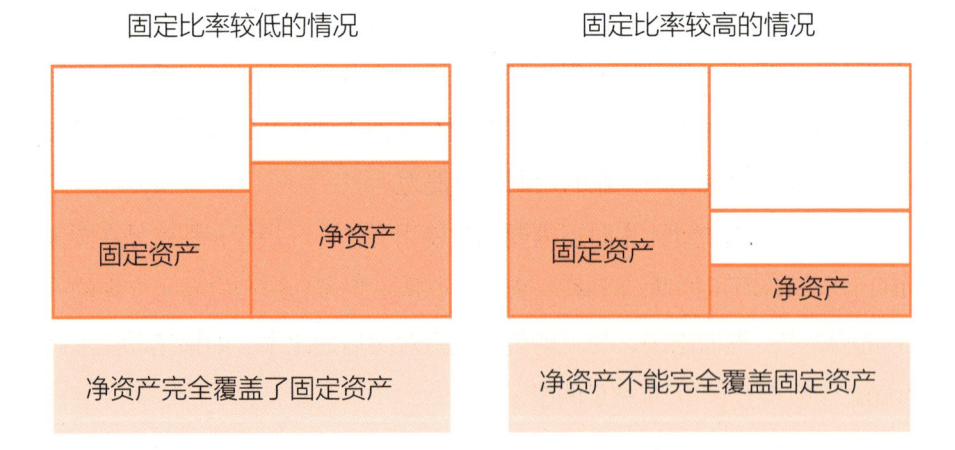

固定比率较低的情况	固定比率较高的情况
固定资产 ／ 净资产	固定资产 ／ 净资产
净资产完全覆盖了固定资产	净资产不能完全覆盖固定资产

固定资产，指的是为了创造将来的利润和现金流而长期使用的资源。

在获取这类资产的时候，不应该通过必须短期内偿还的流动负债来筹集资金，而应该通过能够长期使用的股东资本和长期贷款来筹集资金。这两个指标就是对上述内容进行分析时需要用到的。

固定比率和固定长期适合率的数值越低，说明企业的安全性越高。

固定比率低于100%的情况下，如图表3-4的左侧所示，B/S中净资产大于固定资产。也就是说，通过净资产筹集到的资金覆盖了固定资产。因为净资产基本没有偿还的必要，所以在安全性方面很有保证。

反之，如果固定比率超过100%，如图表3-4右侧所示，固定资产大于净资产，只能通过负债来筹集资金覆盖固定资产，这就导致安全性降低。

对安全性进行分析的最后一个指标是自有资本比率。图表3-5是其计算公式，其中分子部分为净资产，分母部分为总资产（资产合计）。严格来说，自有资本和净资产并不是一回事，这里是为了简化指标才将净资产作为分子。也有将其称为"净资产比率"的说法，本书选用的是更为普遍的"自有资本比率"的称呼。

● 图表3-5　自有资本比率

$$自有资本比率 = \frac{净资产}{总资产} \times 100（\%）$$

自有资本比率是用来分析企业筹集到的资金中，不用偿还的净资产占比多少的指标。自有资本比率的数值越高，企业的安全性就越高。

分析效率性的指标

要想把握投入的经营资源是否被有效地利用，需要用到分析效率性的指标。图表3-6中的总资产周转率和有形固定资产周转率就是最有代表性的两个指标。

● **图表3-6　总资产周转率和有形固定资产周转率**

$$总资产周转率 = \frac{销售额}{总资产}（次数）$$

$$有形固定资产周转率 = \frac{销售额}{有形固定资产}（次数）$$

用这些指标，可以判断企业是否将资产有效地利用起来创造销售额。总资产周转率用于判断企业整体的资产是否被有效利用；有形固定资产周转率则主要用来判断工厂、店铺等有形固定资产是否被有效地利用起来。

此外，对应收账款、应收票据等销售债权和库存资产、应付账款等应付债务的效率性进行分析时，虽然也可以使用周转率指标，但一般情况下更常用如图表3-7所示的周转期指标。这些指标可以用来把握销售债权、库存资产、应付债务分别占几个月的销售额。换句话说，销售债权周转期表示回收销售债权需要的时间，库存资产周转期表示库存销售出去的时间，应付债务周转期代表从库存入库到支付货款的时间。

因此，图表3-7中销售债权周转期和库存资产周转期越短代表效率性越高。不过，库存资产如果太少可能会导致缺货，所以库存资产周转期应该保持在不会出现缺货的程度。

● 图表3-7 周转期指标

$$销售债权周转期 = \frac{应收账款}{销售额 \div 12} \quad (月)$$

$$库存资产周转期 = \frac{库存资产}{销售额 \div 12} \quad (月)$$

$$应付债务周转期 = \frac{应付账款}{销售额 \div 12} \quad (月)$$

反之，应付债务周转期越长在现金流上越有利，但如果能够尽快支付应付债务的话，就相当于帮助交易对象缩短了销售债权周转期，所以有时候也可以将缩短应付债务周转期作为降低购买价格的谈判条件。

在图表3-7中所示的各项指标，以"月数"表示各资产的平均回收期间，因此是用各对象资产除以平均月销售额（=年销售额÷12），单位也是"月"。如果用对象资产除以平均日销售额（=年销售额÷365），那么单位就是"日"，相当于用"天数"表示各资产的平均回收期间。

本节中介绍的分析效率性的指标，主要用来分析资产是否得到了充分利用，但对于零售业、服务业等以人工作为重要经营资源的行业来说，也可以使用这些指标来把握每一位员工的工作效率。

分析收益性的指标

分析收益性，主要是针对企业经营的利润进行分析。对收益性进行分析时应该从以下两个视角出发：

> ①销售是否创造了利润
> ②企业是否能够充分利用筹集到的资本(或者通过资本投资获得的资产)创造利润

从①的视角出发的指标被称为销售利润率。销售利润率公式如图表3-8所示,是利润与销售额的比率。在分子部分,可以根据分析的目的更换为销售总利润、营业利润、经常利润等。

● 图表3-8 销售利润率

$$销售利润率 = \frac{利润}{销售额} \times 100(\%)$$

● 图表3-9 ROA与ROE

$$ROA(资产收益率) = \frac{利润}{总资产} \times 100(\%)$$

$$ROE(净资产收益率) = \frac{当期净利润^※}{净资产} \times 100(\%)$$

(※2016年3月期以后被称为"属于母公司股东的当期净利润")

在对销售利润率进行分析时，必须参考P/L的结构。比如，"营业利润=销售额-销售成本-销管费"，那么究竟哪一项是影响销售利润率的主要因素呢？要想搞清楚这一点，就必须对销售额、销售成本、销管费分别进行分析。

从②的视角出发的、最有代表性的指标是资产收益率（ROA）和净资产收益率（ROE），其计算公式如图表3-9所示。为了使指标简化，在ROE的分母部分没有用自有资本，而是用净资产（要想让计算更加准确，分母部分应该是净资产减去少数股东股份和新股预约权）。ROA是表示企业是否充分利用总资产创造利润的指标，ROE是表示企业是否充分利用净资产创造利润的指标。

ROA的分子部分也和前文中提到过的销售利润率一样，可以根据分析的目的更换为相应的利润，而ROE的分子部分一般只能使用当期净利润（2016年3月期以后被称为"属于母公司股东的当期净利润"）。因为ROE是用来分析属于股东的资本（净资本）创造出了多少属于股东的利润的指标。

对于上市企业来说，因为资金是从不特定多数的股东手中筹集到的，所以站在股东的角度把握经营状况的ROE是非常重要的指标。而对于那些自己拥有100%股份的中小企业来说，ROA比ROE更加重要。

在ROA和ROE中，还有将各个指标分解为多个指标进行分析的方法。如图表3-10和3-11所示，ROA可以分解为总资产周转率乘以销售利润率，ROE可以分解为总资产周转率乘以销售当期净利润率及财务杠杆。

● 图表3-10　ROA的分解公式

$$\text{ROA} = \frac{\text{利润}}{\text{总资产}} = \underbrace{\frac{\text{销售额}}{\text{总资产}}}_{\text{总资产周转率}} \times \underbrace{\frac{\text{利润}}{\text{销售额}}}_{\text{销售利润率}}$$

● 图表3-11　ROE的分解公式

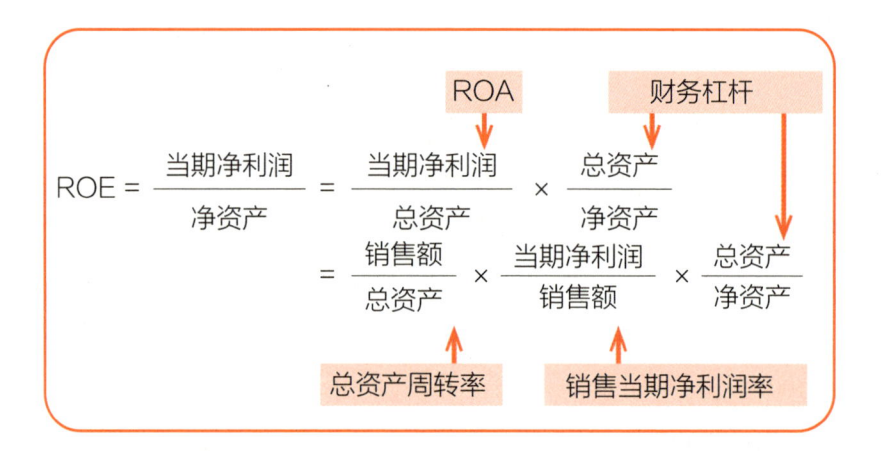

$$\text{ROE} = \frac{\text{当期净利润}}{\text{净资产}} = \frac{\text{当期净利润}}{\text{总资产}} \times \frac{\text{总资产}}{\text{净资产}}$$

$$= \underbrace{\frac{\text{销售额}}{\text{总资产}}}_{\text{总资产周转率}} \times \underbrace{\frac{\text{当期净利润}}{\text{销售额}}}_{\text{销售当期净利润率}} \times \frac{\text{总资产}}{\text{净资产}}$$

（ROA、财务杠杆标注）

在对ROA和ROE进行分析时，通过找出那些会对ROA和ROE造成影响（比如总资产周转率减少导致ROE减少）的要因，可以帮助我们进行更加详细的分析。

这里的财务杠杆指标，是图表3-5中出现的自有资本比率将分子和分母颠倒后的数值。如果通过负债降低自有资本的比率，就会使财务杠杆升高，虽然ROE会随之增加，但企业的安全性却降低了，这一点请大家注意。

分析成长性的指标

最后，让我们来看一下对成长性进行分析的指标。

对成长性进行分析的主要目的，是为了判断该企业将来的发展空间，但有时候来听我讲座的商务人士会提出这样的问题："要想把握企业未来的成长性，对过去的推移进行分析有什么意义呢？"

当然，这种观点也有一定的道理。但对过去的成长过程和要因进行分析，有可能会获得预测将来成长性的线索。因此我认为，对过去的成长性进行分析是很有意义的。

在对成长性进行分析时，最常用的指标是销售额同比增长率。这是将销售额、利润、资产的金额与上一年度进行比较来把握成长性的指标。图表3-12就是销售额同比增长率的计算公式。

● 图表3-12　销售额同比增长率

$$销售额同比增长率 = \frac{本年度销售额}{上一年度销售额} \times 100\,(\%)$$

除此之外，图表3-12中的分母可以固定替换为10年前的销售额，然后在分子部分依次替换为随后各年度的销售额，就能计算出销售额的变化趋势。这种趋势分析法也是常用的分析方法之一。

> 案例研究
武田药品工业、安斯泰来制药的现状与课题

接下来，让我们利用财务指标，对武田药品工业和安斯泰来制药进行实际分析。

这两家都是日本著名的制药企业，从日本国内市场的地位上来看，武田药品工业独占鳌头，2005年由山之内制药和藤泽药品工业合并而成的安斯泰来制药则紧随其后，排在第2位。

武田药品工业在2008年之前，一直保持着巨额的收益，堪称是无负债经营的代表性企业，但在2013年3月期的决算中，安斯泰来制药的营业利润一度超越了武田药品工业。2015年3月期，武田药品工业的最终利润自创业以来首次出现赤字。在这段期间，武田药品工业究竟发生了什么？制药公司又存在什么经营问题呢？让我们带着上述的疑问，对这两家企业的财务报表进行分析。

此外，由于这两家企业都从2014年3月期开始，正式将遵照的会计基准从日本会计基准更改为国际会计基准，因此无法对变更前后的状况进行准确对比，我们只能将准确性放到一边，将关注的重点放在会计基准变更前后都不会发生太大变化的指标上。

两家企业最早遵照国际会计基准的财务报表从2013年3月期开始，在此之前的财务指标都按照日本会计基准的财务报表计算，之后的则按照国际会计基准的财务报表计算。

分析安全性

首先来看安全性的指标。

图表3-13是两家企业的流动比率与自有资本比率的推移图。

● 图表 3-13　安全性指标的推移（1）

流动比率　　　　　　　　　自有资本比率

（图表：流动比率从2006年到2015年3月期，武田药品工业从约480%上升至530%后下滑至约150%；安斯泰来制药维持在约220%~350%之间。自有资本比率：安斯泰来制药维持在约75%~80%；武田药品工业从约80%下降至约50%。）

从这个图表上可以看出，在2008年3月期之前，武田药品工业的流动比率非常高。一般来说，流动比率在200%以上就算安全，所以安斯泰来制药的安全性其实一点也不低，只是武田药品工业实在太过优秀。

但2008年3月期以后，武田药品工业的流动比率开始下降。尤其是2009年3月期和2012年3月期，都出现了巨大的下滑。之所以出现这种情况，可能是因为流动资产减少或者流动负债增加，对当时武田药品工业的财务报表进行确认后，发现这一时期的流动资产确实减少了许多。

其中下滑幅度最大的是现金与活期存款、有价证券。在2008年3月期的时候，武田药品工业拥有的现金与活期存款、有价证券加起来大约有2万亿日元，但到了2012年3月期，这个数字就减少到了大约4,500亿日元。根据上述信息，可以提出以下的假设：

> 假设1：武田药品工业在2009年3月期和2012年3月期可能用手中的资金做了某种投资

经过调查就会发现，武田药品工业在2008年为了增强在癌症治疗领域的实力收购了美国的千禧制药，又在2012年为了增强在欧洲和新兴国家市场的销售能力收购了瑞士的奈科明制药。千禧制药的收购金额大约为9,000亿日元，奈科明制药的收购金额大约为11,000亿日元。这些大型M&A消耗了大量的所持资金，所以武田药品工业的流动比率才出现了大幅的下降。

安斯泰来制药也为了增强在癌症治疗方面的实力，于2010年斥资3,700亿日元收购了美国的OSI制药，因此在2011年3月期的流动比率也出现了下降，但下降幅度没有武田药品工业那么夸张。

此外，从自有资本比率上来看，武田药品工业的数值也在2012年3月期出现了明显的下降。根据这一信息可以提出以下的假设：

> 假设2：曾经被称为无负债经营代表的武田药品工业之所以开始贷款，是为了筹集收购奈科明制药所需的资金

事实上，武田药品工业在收购奈科明制药的时候，确实通过贷款筹集5,000亿日元的资金，这说明假设2是正确的。

接下来再看固定比率和固定长期适合率。如图表3-14所示，武田药品工业的固定比率和固定长期适合率在2009年3月期与2012年3月期都出现了大幅的上升。根据这一信息，可以提出以下的假设：

> 假设3：武田药品工业的固定比率及固定长期适合率之所以上升，是因为经过两次大型M&A之后，固定资产增加了

正如我在前文中说明过的那样，进行过M&A的企业，在财务报表中会计算商誉等无形固定资产。经过调查后发现，武田药品工业的固定比率及固定长期适合率上升的时期，无形固定资产中的商誉、特许权、销售权等也大幅增加。

● 图表3-14　安全性指标的推移（2）

固定比率

固定长期适合率

由于武田药品工业是通过长期贷款筹集资金收购奈科明制药的，因此与固定比率的上升幅度相比，固定长期适合率的上升幅度较小。

安斯泰来制药也因为2011年收购的影响，在2011年3月期固定比率和固定长期适合率都出现了上升，但上升幅度与武田药品工业相比要小得多。

通过上述分析不难发现，曾经是无负债经营代名词的武田药品工业之所以出现了巨大的变化，是因为进行了两次大型M&A。虽然从指标上看，武田药品工业的安全性大幅下降，但与其说武田药品工业的经营进入到了危险的境地，不如说过去它的安全性高得有点离谱。

尤其是从2008年3月期的所持资金状况上来看，如果持有如此巨额的资金，却既不对股东分红也不投资的话，股东们恐怕会对武田药品工业的资金利用情况产生疑问。因此，武田药品工业才将充足的所持资金用于大规模的M&A。

分析效率性

接着让我们来看一下效率性的指标。图表3-15是武田药品工业和安斯泰来制药的总资产周转率与有形固定资产周转率的推移图。

● 图表3-15　效率性指标的推移

关于总资产周转率，武田药品工业一直位于安斯泰来制药的下方。武田药品工业虽然在2008年3月期之前拥有充足的资金，但经过大型M&A之后因为拥有了巨额的无形固定资产，结果导致总资产周转率降低。从时间上来看，武田药品工业的总资产周转率在2009年3月期达到峰值后便持续下降。

再来看有形固定资产周转率，制药企业因为不需要拥有太多的有形固定资产，所以两家企业的有形固定资产周转率的数值本身并不高，武田药品工业的有形固定资产周转率也同样在2009年3月期达到峰值后便持续下降。

在这一时期，武田药品工业通过M&A扩大了自身的资产规模，因此可以提出以下的假设：

> 假设4：武田药品工业在2010年3月期之后，虽然资产增加了，但销售额并没能相应增加

事实上，武田药品工业之所以急于进行M&A，还有更深层次的原因。

在这段时期，支撑武田药品工业业绩的主力医药品的专利保护期都相继结束。专利保护期结束之后，其他厂商生产的同类医药品就会大量上市，失去专利保护的医药品的销售额与利润都会急剧减少。这种销售额的减少也会直接体现在周转率指标上。

医药品的专利保护期为20年，随着主力医药品的专利保护期结束，武田药品工业的销售额及利润大幅减少是可以预见的结果。在这种情况下，武田药品工业才决定进行大型的M&A。

值得注意的是，安斯泰来制药也在2010年左右有许多主力医药品迎来专利保护到期，不过安斯泰来制药通过与美国麦迪韦逊医疗合作开发出了新型抗癌药并将其作为主力医药品推出，使自己在总资产周转率和有形固定资产周转率上没有步武田药品工业的后尘，并且在2014年3月期以后出现了恢复的迹象。

分析收益性

接下来分析收益性。图表3-16是营业利润率与当期净利润率的推移图。

武田药品工业从2010年3月期开始就出现了收益降低的趋势。尤其是在2015年3月期，武田药品工业的收益性大幅降低。

● 图表3-16　收益性指标的推移（1）

营业利润率　　　　　　　　　当期净利润率

（两幅折线图，分别为"武田药品工业"与"安斯泰来制药"的营业利润率和当期净利润率走势，横轴为2006—2015年（3月期））

另一方面，安斯泰来制药的收益性也在2008年3月期迎来峰值后一路走低，不过随着新产品的研发成功，在2011年3月期之后有复苏的势头。

根据上述信息，我们可以提出以下的假设：

> 假设5：两家企业都因为主力医药品的专利保护到期而出现收益性大幅降低的情况。武田药品工业在2015年3月期可能因为某种突发的原因出现亏损

经过详细调查后发现，武田药品工业在2015年3月期之所以出现利润的大幅下降，是因为其糖尿病治疗药"艾可拓"的副作用在美国引起了诉讼，除了支付和解金之外，武田药品工业的业绩也受到了一定的影响。

虽然上述情况是突发的，但主力药品的专利保护期结束是导致武田药品工业利润下降的主要原因。如果今后不能继续推出新的主力药品，要想使收益性得到恢复可以说非常困难。

说到这里，我们还需要看两个与成本相关的指标。图表3-17是成本率与研究开发费率（分别是销售成本和研究开发费对销售额的比例）的图表。

● 图表3-17 收益性指标的推移（2）

成本率

安斯泰来制药
武田药品工业

研究开发费率

武田药品工业
安斯泰来制药

在成本率方面，武田药品工业和安斯泰来制药都在20%~30%的水准。医药品生产企业的成本率都较低，因此只要能够研发出新型特效药就可以赚取巨额利润。武田药品工业在2011年3月期之前的成本率都维持在20%左右，但之后一路攀升到30%。这可能是因为其收购了面向新兴国家销售普通医药品的奈科明制药所导致的。

如果说新型特效药是维持低成本率的关键，那么诞生新型特效药的关键就是研究开发。武田药品工业和安斯泰来制药都将销售额的20%投入到研究开发中。通过用巨额的研究经费开发出来的新型特效药来实现高收益，这就是制药企业制胜的法宝。

接下来看ROA（资产收益率）和ROE（净资产收益率）。图表3-18是上述两个收益性指标的推移图。

这些指标的推移情况基本和销售额利润率的推移情况相同。武田药品工业和安斯泰来制药分别在2011年3月期和2010年3月期开始出现收益性下降，但安斯泰来制药在2012年3月期开始止住了颓势，武田药品工业则仍然未见好转的迹象。

● 图表3-18　收益性指标的推移（3）

ROA（资产收益率）

ROE（净资产收益率）

（图中标注：武田药品工业、安斯泰来制药）

正如前文中说明过的那样，2012年3月期，武田药品工业通过贷款筹集资金导致自有资本比率下降，因此财务杠杆上升，应该对ROE有正面的影响。然而从图标上可以看出ROE仍然在持续下降，这说明武田药品工业的总资产周转率和销售当期净利润率都出现了大幅的下降。

分析成长性

最后让我们来分析一下成长性。

图表3-19是以2006年3月期的销售额及营业利润为基数（100）计算出的各年度销售额和营业利润的推移图。

● 图表3-19 成长性指标的推移

销售额 / 营业利润 图表（2006年3月期至2015年3月期，武田药品工业与安斯泰来制药对比）

从这两个图表不难看出，武田药品工业因为进行了大规模的M&A，所以在销售额上略占上风，但在主力医药品的专利保护到期之后，营业利润就出现了巨额的下滑。根据上述信息可以提出以下的假设：

> 假设6：大规模M&A推升了武田药品工业的销售额，但仍然无法弥补主力医药品的专利保护到期导致的利润减少

另一方面，安斯泰来制药的营业利润在2008年3月期达到峰值后持续下降，但后来稳住了下滑的势头，在2015年3月期甚至恢复到了2006年3月期的水准。

分析总结——制药企业的现状与课题

通过上述分析可以看出，武田药品工业在主力医药品的专利保护相继到期又没能及时推出新的主力药品的情况下，用之前积攒下来的充足资金进行

了大规模的M&A，以求找到出路。

但这些大规模的M&A目前并没有为武田药品工业带来充分的利润，而且受诉讼的影响，武田药品工业在2015年3月期出现了创业以来的第一次赤字。

另一方面，安斯泰来制药虽然在同一时期也出现了主力医药品专利保护到期的情况，但因为及时推出了新的主力药品，使利润得到了保障。这也使得其利润额反超了武田药品工业。

但安斯泰来制药也并非高枕无忧。今后，随着其专利保护到期的主力医药品数量越来越多，其业绩也存在继续下跌的危险。

综上所述，制药企业的业绩取决于其是否能够推出新型特效药。因为新型特效药的成本率很低，所以只要研制成功，制药企业就能够在很长时间内赚取巨额利润。这也是制药企业在研究开发上投入那么多资金的原因。

不过，近年来新型特效药的研发越来越难，因为医疗的趋势正在向个别化医疗发展。所谓个别化医疗，指的是针对患者的实际情况采取最有效的医疗方式。

传统的医疗方针是对拥有某种症状的患者都采取相同的药物治疗。在这种医疗方针的影响下，只要能够治疗某种症状的新型特效药被研发出来，就会被大批量使用。

而使用过这种药物无效的患者就需要寻求其他的药物治疗，结果又导致其他药物用量的增加。也就是说，一款新型特效药的诞生很容易连锁诞生出更多的新型特效药。

但当人们逐渐了解药物的作用机制之后，就开始思考根据患者的具体情况选择有效药物的个别化医疗方法。在个别化医疗中，针对某种症状不再统一用药，而是根据患者的个人情况采取不同的药物治疗。

在这种状况下，制药企业就不能再像以前那样少品种大批量地生产医药品，而是需要多品种小批量地生产。

因此，现在的制药企业必须重新思考新的盈利模式。

不要将财务指标"黑匣子化"

正如我在本章中说明的那样，对财务指标进行分析，可以使我们把握企业在过去的时间段内都发生了什么，以及在经营上存在哪些课题。

大家可以试着对自己的公司或者感兴趣的公司进行一下财务指标分析。

不过在对财务指标进行分析时，千万注意不要将财务指标"黑匣子化"。

如果对计算出来的财务指标深信不疑，很容易使分析浮于表面而得不到深入。正如我在本章开头说过的那样，一定要将"财务指标→财务报表→实际的商业活动"联系起来。

这样就可以避免使财务指标"黑匣子化"，使分析更加接近本质。

专栏 3

财务报表是否真实地反映出企业的经营状况

通过对财务报表进行分析，不但能够把握企业所处的状况，还能发现其在经营上存在的课题。尤其是建立与经营课题相关的假设时，财务指标是个非常有用的工具。

我作为管理顾问，为了把握客户企业的经营状态，也经常需要对各种财务指标进行计算和分析。在这个时候，尤其需要注意的是，该企业的财务报表是否真实地反映出自身的经营状况。

如果是上市企业，因为有监察法人的监管，管理会计系统也非常完善，因此获取到的经营数据相对比较准确，而一些未上市的中小企业就不一定那么准确了。毕竟就连处于监管之下的上市企业都存在做假账的情况……

我担任某服务业企业管理顾问的时候就发生过这样一件事。这家企业的需求是对事业进行重组。当时这家企业的业绩持续低迷，如果不对事业部门进行重组，不出几年就会破产。因为这家企业拥有好几个事业部门，所以我需要先搞清楚哪些部门是黑字哪些部门是赤字，然后才能对是否重建进行分析，并找出应该关闭的事业部门。

但在制订重组计划的时候，竟然连企业的经营层都不知道哪个部门盈利哪个部门亏损。为什么这家企业无法把握各个事业部门的盈利情况呢？

关键在于对各部门的费用分配。比如，所有事业部门都会用到的促销资源的费用全都算在总公司的账上，各事业部门使用的广告费用没有准确地分配到各个部门的头上。这就导致各个事业部门的P/L不能准确地反映出该部门的实际情况。我们自然无法判断应该将经营资源集中在哪个部门，以及应该关闭哪个部门。

因此，我们管理顾问最初的工作，就是重新制定各事业部门的费用分配方法，按照合适的规则对费用进行分配。这样一来，我们终于搞清楚了各事业部门的盈利情况，迈出了事业重组的第一步。

在本书中，我都是以财务报表准确反映出企业实际情况为前提对其进行分析和说明。但在实际经营分析的时候，必须先搞清楚财务报表是否准确地反映出企业的实际情况。

有的企业就像前文中的例子那样，是在费用分配上有问题，还有的企业是在资产的计算上出现了问题。曾经我就遇到过将经营者的私有物算作企业资产的情况，还有集团企业的资产分配不合理的情况。

尤其是对会计系统不完善的企业进行分析时，首先必须确认财务报表是否能够真实地反映出这家企业的实际情况。

第四章

准确判断状况的会计思考力
——解读数字的真相

本章获得的"武器"

√ 持有现金额度的判断基准

√ 财务指标陷阱的注意事项

√ 看穿假账的方法

√ 发现M&A对财务报表影响的方法

隐藏在数字背后的东西

准确判断状况的技巧

在前文中，我为大家介绍了解读企业财务报表的方法和利用财务指标分析的方法。阅读完上述内容之后，相信大家已经掌握了一定程度的会计思考力。

从本章开始，我将为大家介绍更加深入的内容。具体来说，包括近年来日本企业财务报表中经常出现的趋势、该趋势和企业经营之间的关联性，以及对企业财务报表进行分析时容易落入的陷阱等。

虽然与前面的内容相比可能稍微有些难以理解，但将数字与隐藏在其背后的实际商业活动联系起来思考的基本方针并没有改变。

希望大家通过本章的学习，能够掌握在关键时刻也能够准确判断状况的会计思考力。

持有现金是好还是坏

首先让我们来看日本企业持有现金的问题。近年来随着日本上市企业财务体质的改善，持有充足现金与活期存款的企业越来越多。根据2017年6月13日的《日本经济新闻（朝刊）》报道：到2016年末的时间点，"实际无贷款"的上市企业数量将超过2000家，占全部上市企业的60%。

所谓实际无贷款企业，指的是企业持有的现金、活期存款、短期持有的有价证券等资金加起来足够偿还企业的贷款和公司债券等有利息负债。也就是说，这些企业即便偿还完全部的负债，手上仍然有资金剩余。

这些实际无贷款的企业之所以越来越多，主要原因是企业的业绩得到了改善。对于这样的企业来说，财务指标会发生怎样的变化呢？

首先，随着持有资金的增加，流动比率和速动比率也会增加。

其次，利润盈余增加，会使固定比率和固定长期适合率下降，自有资本比率增加。

也就是说，近年来日本企业与安全性相关的各项指标都在朝着好的方向发展。如果负债过多，持有资金匮乏的话，就无法安全经营。因此，实际无贷款企业的数量增加，说明日本上市企业整体的经营安全性增加了。

持有太多现金会出现什么问题

另一方面，如果企业持有的现金太多，会出现什么问题呢？

企业持有的资金本身不会创造任何收益。当然，虽然资金理财也能获得一定的收益，但与事业收益相比则相差甚远。

因此，手中持有太多资金的企业，总资产周转率往往很低。ROA和ROE等与资本和利润相关的指标也不怎么好看。

从投资者的角度来说，资本效率低的企业绝不是合适的投资对象。如果自己投入的资金被企业拿去购买有价证券，那为什么不干脆自己去买有价证券呢？投资者之所以将资金投入到企业中，想要的是更高的回报，他们希望企业能够将自己的资本投入到事业中充分地利用起来。

因此，对于虽然拥有充裕的资金，却没有将其有效利用起来的企业，投资者往往对其资金的利用方式持批判态度。

面对投资者的批判，企业必须表明自己的态度，或者将资金用于M&A和新投资，或者将资金用于分红或回购股票来回报股东。

任天堂为什么拥有充足的现金

说起持有充足现金的企业，最有代表性的就是任天堂。

在2016年3月期，任天堂持有的现金与活期存款高达5,740亿日元，短期持有的有价证券为3,389亿日元，有利息负债为0，也就是说其净现金流高达9,093亿日元。这个数字即便放在日本所有上市企业中也是处于顶尖的水平。

为什么任天堂会持有这么多的现金呢？

图表4-1是任天堂近期的销售额与销售营业利润率的概括图。

从这张图表可以看出，任天堂近年来的业绩出现了巨大的浮动。在这张图表的前半部分，任天堂的销售额与营业利润率都出现了巨幅的攀升。

这是因为任天堂在2004年推出了便携式游戏机NDS，2006年推出了家用游戏机Wii，在全世界范围内都大受欢迎。

在此之前，任天堂的销售额一直维持在和2006年3月期的5,000亿日元相差无几的程度，但在2009年3月期，任天堂的销售额就上涨到了接近2万亿日元。伴随着销售额增加的是营业利润率的大幅增加，2009年3月期甚至超过了30%。

但在此之后，情况急转直下。销售额在2009年3月期达到峰值后一路走低，到2016年3月期又恢复到之前5,000亿日元左右的水平。这也导致销售利润连续3期出现赤字。

● 图表4-1　任天堂的业绩推移

（十亿日元）

[图表：2006—2016年3月期任天堂销售额（左轴，柱状图）与销售额营业利润率（右轴，折线图）。销售额在2009年达到约1,800十亿日元峰值，2012年后降至500—600十亿日元左右；营业利润率2009年约30%，2012—2014年为负值（约-6%至-8%），2015、2016年回升至约5%—6%。]

之所以会出现这种情况，是因为智能手机的普及影响了游戏主机的销售，任天堂的3DS、WiiU等新型游戏主机的销售额都不理想。事实上，任天堂一直重复着这种被热门商品影响业绩的历史。游戏产业的风险很高，虽然一旦推出热门商品就能赚取巨额的利润，但如果没有热门商品的话，销售额和利润也会大幅下降。

任天堂就是为了应对这种风险，所以才持有充足的现金。

综上所述，企业持有充足的现金可以提高经营的安全性，但如果持有太多现金，会对企业的资本效率造成损失。因此，企业必须根据自身商业模式持有适当额度的现金，不能太多也不能太少。

综合商社为什么持有巨额的销售债权

销售额与销售债权的关系

第三章中介绍过的销售债权周转期，是表示企业拥有的销售债权相当于几个月销售额的指标。换句话说，是表示从销售额被计算在财务报表上开始，到回收现金为止需要多少时间的指标。

销售债权周转期越长，回收现金所需的时间就越长，那么与销售债权相关的资本效率就越低。要想充分利用现金，应该尽量缩短销售债权的周转期。

三菱商事的收益与销售债权

接下来，让我们对日本最有代表性的综合商社三菱商事的销售债权周转期进行分析。

图表4-2和图表4-3是三菱商事2014年3月期根据美国会计基准制作的合并B/S和合并P/L，其中我只提取了必要的数据（三菱商事从2015年3月期开始就采用了国际会计基准）。

● 图表4-2 三菱商事的合并B/S（美国会计基准）

（单位：百万日元）

资产部分		负债及资本部分	
项目	2014年3月末	项目	2014年3月末
流动资产		流动负债	
现金及现金等价物	1,322,964	短期贷款	824,467
定期存款	142,705	一年内到期的长期借贷债务	542,037
短期资产	23,497		
应收票据	365,155	应付票据	199,012
应收账款	2,627,752	应付账款及未付款	2,222,955
短期借出款等	438,234	对关联企业的债务	175,670
关联企业的债券	256,438	交易预付款	122,545
库存资产	1,269,679	未支付法人税等	86,251
交易预收款	141,381	未付费用	138,287
短期延期所得税资产	58,962	其他流动负债	390,693
其他流动资产	503,151	流动负债合计	4,701,917
呆账准备金	△26,713	固定负债	
流动资产合计	7,123,205	长期借入债务	4,692,531
投资及长期债权		养老金支付债务	57,198
对关联企业的投资		长期延期所得税负债	239,477
长期债权	2,963,404	其他固定负债	396,550
不动产共同投资	33,471	固定负债合计	5,385,756
其他投资	1,379,013	负债合计	10,087,673
长期借出款及长期营业债权	689,994	股东资本	
		资本金	204,447
呆账准备金	△42,586	资本盈余	265,972
投资及长期债权合计	5,023,296	利润盈余	
有形固定资产		利润准备金	45,761
有形固定资产	4,278,032	其他利润盈余	3,906,472
折旧累计额	△1,562,091	累计其他合并损益	
有形固定资产合计	2,715,941	未实现有价证券评估利润	244,156
其他资产	429,257	未实现衍生品评估损失	△3,052
		确定支付年金调整额	△68,204
		汇率换算调整额	192,773
		自有股份	△14,081
		股东资本合计	4,774,244
		少数股东股份	429,782
		资本合计（净资产）	5,204,026
合计	15,291,699	合计	15,291,699

注：△代表负数（图表4-3也一样）出处：三菱商事株式会社2014年3月期决算信息

● 图表4-3 三菱商事的合并P/L（美国会计基准）

（单位：百万日元）

项目	2013年度（13/4~14/3）
收益	
商品销售及制造业等收益	7,015,801
买卖交易差额损益及手续费	573,454
收益合计	7,589,255
商品销售及制造业等收益的成本	△6,429,114
销售总利润	1,160,141
其他收益・费用	
销管费	△941,679
呆账准备金计入额	△19,995
利息（减去应收利息后）	△6,023
股息收入	164,883
有价证券损益	135,544
固定资产损益	△16,878
其他损益——净额	△43,760
其他收益・费用合计	△727,908
法人税等及权益法下投资损益前利润	432,233
当期所得税	△159,912
延期所得税	△10,523
权益法下投资损益前利润	261,798
权益法下投资损益	208,507
少数股东股份去除前当期净利润	470,305
属于少数股东的当期净利润	△25,512
属于母公司股东的当期净利润	444,793

注：根据ASC SubTopic605-45"收益认知-本人或代理人的分析"，图表中都以"收益"表示。日本会计惯用的"销售额"及"营业利润"如下图所示

	2013年度
销售额	21,950,137
营业利润	198,467

注："销售额"为该企业与合并子公司作为合同当事人或代理人等进行的交易额的合计
"营业利润"为"销售总利润""销管费""呆账准备金计入额"的合计。出处：三菱商事株式会社2014年3月期决算信息

在2014年3月期的合并B/S上有应收票据和应收账款的项目，这两项加起来的金额是29,929亿日元，属于销售债权。

另一方面，在合并P/L上虽然没有销售额的项目，但有"收益合计"的项目，其金额为75,893亿日元。

正如我在第一章中说明过的那样，收益相当于销售额，所以在计算销售债权周转期的时候，可以如图表4-4所示，将收益合计的金额作为分母。

● 图表4-4　三菱商事的销售债权周转期

$$销售债权周转期 = \frac{29,929亿日元（销售债权）}{75,893亿日元（收益合计）} \times 12（月） = 4.73（月）$$

根据这个公式，三菱商事的销售债权周转期为4.73个月。也就是说，三菱商事需要接近5个月的时间来回收销售债权。考虑到上市企业的销售债权周转期一般在2个月左右，三菱商事的这个时间实在是有点太长了。

三菱商事的销售债权周转期为什么这么长

如果是商业学校将三菱商事的案例作为课题讨论，那么关于销售债权周转期为什么这么长的问题，可能会给出许多意见，比如，"综合商社具有金融功能，给交易对象（买家）提供了一定的信用额度，所以导致销售债权的周转期变长"。

这里所说的"信用额度"，指的是综合商社通过应付票据和应收账款的形式，给买家延期支付的时间，为买家的现金流提供保障。

综合商社的应收票据和应收账款就是买家的应付票据和应付账款。前文中介绍应付债务周转期的时候已经说明过，应付债务周转期越长，买家在现金流上的压力越小。因此，三菱商事可能是为了给买家的资金周转提供帮助才导致自己的销售债权周转期这么长。

综合商社确实具有金融功能，但即便如此，销售债权周转期也太长了。事实上，导致三菱商事的销售债权周转期如此之长的真正原因在于综合商社的收益计算基准。

仔细观察图表4-3可以发现，在下方的备注栏中，表示有日本会计惯用的"销售额"项目。其中2014年3月期的销售额为219,510亿日元，是前面"收益合计"（75,893亿日元）的三倍。这么大的差距是怎么来的呢？

商社最基本的商业活动是商品和服务的交易中介。如果按照日本会计的习惯，中介交易的全部交易额（销售总额）都被算作商社的销售额，但根据美国会计基准制作的三菱商事的合并P/L并不认可日本的惯例，只将交易产生的损益差额和手续费作为收益计算。

这就是导致"收益合计"和"按照日本会计惯例的销售额"之间出现如此巨大差异的原因。考虑到在中介交易中会出现一部分以销售总额为基础的销售债权，出现那么长时间的销售债权周转期也是合理的。

如果以日本会计惯用的销售额为基准计算销售债权周转期的话，结果是1.64个月，与之前的数字相比要短得多。但因为销售债权中既包括手续费的部分，也包括其他部分，所以实际的销售债权周转期应该在1.64个月到4.73个月之间。

流动比率低于100%也没问题吗

流动比率与企业的安全性

在第三章中,我还为大家介绍了流动比率这个财务指标。这是用来表示企业对于必须短期内偿还的负债(流动负债),是否有充足的资金(流动资金)用于偿还的指标。

流动比率越高,说明企业短期的支付能力越高,反之流动比率低于100%的话,则说明企业没有足够的流动资产来支付流动负债。

在这种情况下,很容易使人产生"这家企业的资金筹集出现了问题"之类的想法。当然,从安全性的角度考虑,流动比率是越高越好,但有时候即便流动比率低于100%也不一定能够代表企业出现了问题。请看以下这两种情况。

"每天都有进账"的情况

图表4-5是某食品超市的简要合并B/S。

● 图表4-5　某食品超市的简要B/S

项目	金额（十亿日元）	项目	金额（十亿日元）
（资产部分）		（负债部分）	
流动资产	9	流动负债	13
现金与活期存款	3	应付账款	5
应收账款	1	短期贷款	4
库存资产	3	其他	4
其他	2		
		固定负债	10
		长期贷款	6
		弃置费用	1
固定资产	31	其他	3
有形固定资产	20	负债合计	23
建筑	9	（净资产部分）	
土地	10	资本金	4
其他	1	资本盈余	7
		利润盈余	6
无形固定资产	1	自有股份	-2
		其他包括利润累计额	2
投资及其他资产	10	净资产合计	17
资产合计	40	负债净资产合计	40

其中流动资产90亿日元，流动负债130亿日元，因此这家企业的流动比率为69.2%。

如果只看这个数值的话，因为流动比率低于100%，所以会给人一种这家企业的安全性较低的感觉。

但实际上这家食品超市的安全性没有任何问题。

对于餐饮业和零售业来说，因为顾客基本都是用现金结账，所以企业方能够稳定地获得现金收入，也就是所谓的"每天都有进账"的商业形态。

在每天都有进账的情况下，企业完全可以用现金收入来稳定地偿还负债。

这家食品超市也是如此，而且在每天的进账中，应收账款等销售债权所

第四章　准确判断状况的会计思考力

占的比例极小。而用于采购商品的应付账款等应付债务所占的比例较大,因此即便流动比率较低,其在资金周转上也不会出现问题。

通过调查这家食品超市的现金流量表就会发现,其营业活动的现金流为20亿日元,完全不会出现资金短缺的情况。类似这种每天都有进账的企业,即便流动比率低于100%也不会出现资金问题。

注意短期贷款的转借

让我们再来看另一个情况。

图表4-6是某生产企业的简要合并B/S。

● 图表4-6 某生产企业的简要合并B/S

(单位:十亿日元)

项目	2期前	1期前	最新期	项目	2期前	1期前	最新期
(资产部分)				(负债部分)			
流动资产	6	5	5	流动负债	11	8	8
现金与活期存款	2	1	1	应付账款	3	2	2
应收账款	3	2	2	短期贷款	5	5	5
库存资产	2	2	2	其他	3	1	1
固定资产	15	15	14	固定负债	1	3	2
有形固定资产	14	14	14	长期贷款	0	2	2
建筑	2	2	2	其他	1	1	0
机械设备	1	2	2	负债合计	12	11	10
土地	9	9	9	(净资产部分)			
其他	2	1	1	资本金	2	2	2
投资及其他资产	1	1	0	资本盈余	3	3	3
				利润盈余	4	4	4
				净资产合计	9	9	9
资产合计	21	20	19	负债净资产合计	21	20	19

这家企业最新期的流动资产为50亿日元，流动负债为80亿日元，因此其流动比率为62.5%。这家企业的流动比率也低于100%。而且因为其是生产企业，所以不像刚才的食品超市那样每日都有进账。生产企业必然拥有一定程度的应收账款和库存。

既然如此，这家企业肯定存在资金难的问题了吧？

但事实上，这家企业的资金周转也没有问题。

在这家企业的流动负债中，金额最大的项目是"短期贷款"（50亿日元）。但这家企业的现金与活期存款只有10亿日元，不由得让人对其偿还能力产生怀疑。

但对比这家企业之前的B/S后发现，在1期前和2期前的B/S中，这家企业同样拥有50亿日元的短期贷款。也就是说，这家企业可能在借贷新的短期贷款的同时，偿还了之前的短期贷款，相当于做了短期贷款的转借。

这种不断转借的短期贷款被看作是短期借贷的资金显然是不合适的。

实际上这应该算作长期贷款才对。如果去除这部分短期贷款的金额重新对这家企业最新期的流动比率进行计算的话，得出的结果是166.7%（=50÷30×100%），以流动比率的水准来看并无问题。

如果只看1期的流动比率计算结果，就很难做出正确的判断，所以必须注意。为了准确地把握状况，不能只看单一年度的财务指标，最好确认多个年度财务报表的推移情况。

做假账企业的经营指标有什么特点

为什么要做假账，怎样做假账

在本节中，我们来看一看企业违法的会计行为——"做假账"。

上市企业做假账等违法会计行为可以说是屡禁不止。仅2016年以来，就有昭光通商、日本碳化工业、船井电机、PASCO、Techno Medica、HOHSUI等企业因为违法的会计行为被日本证券交易集团责令提交改善报告。

这些企业全都是在市场一部（相当于主板市场）上市的大企业。就连处于会计监管之下的大型上市企业尚且如此，那些没有被监管的中小企业情况是什么样就更不用说了吧。

如果不能识破这些企业做的假账，在与其交易时就很容易遭受损失。

为什么企业要做假账呢？

对于中小企业来说，如果业绩不佳，很有可能在融资时遭到金融机构的拒绝，多数做假账的中小企业都是为了避免出现上述问题；此外，土木建筑行业的业绩会直接影响到是否具备竞标资格，因此很多企业为了通过业绩审查而做假账；至于上市企业，大多是为了维持自身的股价而做假账。

做假账的目的大多是为了使销售额和利润看起来比实际更高。在第一章结尾的专栏1中我为大家介绍了通过改变会计方针来影响利润计算的方法，但这种做法还是在法律允许的范围之内，做假账则完全属于违法行为。

做假账的主要方法有多算销售额和少算费用两种。接下来让我们分别了解一下这两种方法吧。

多算销售额

要想让销售额看起来比实际更高，最常用的方法之一就是"循环交易"。

如图表4-7所示，几家企业循环购买相同的商品，就是循环交易。

● 图表4-7 循环交易

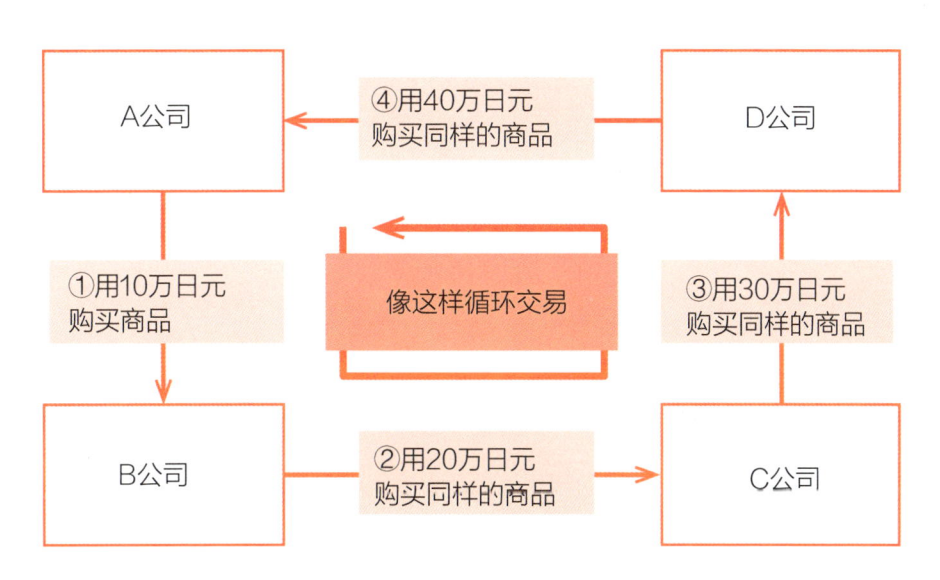

```
    A公司  ←  ④用40万日元购买同样的商品  ←  D公司
     ↓                                      ↑
  ①用10万日元                          ③用30万日元
   购买商品         像这样循环交易         购买同样的商品
     ↓                                      ↑
    B公司  →  ②用20万日元购买同样的商品  →  C公司
```

做假账的企业因为需要通过循环交易使销售额和利润虚高，所以都会将商品加价后出售。

在循环交易的过程中，商品的价格会不断提高，累计的交易金额也越来越大。在这个过程中，参与循环交易的企业如果有一家在经营上出现问题，无法支付巨额的交易金额，就会导致循环交易失败。

此外，由于循环交易会导致销售债权膨胀，可能被监察机关发现或者遭到内部人员的举报而使循环交易失败。

少算费用

少算费用的时候最常用的方法是少算销售成本。

在第一章中，我为大家说明过，销售成本指的是采购商品和原材料的费用再加上生产所需的费用。要想了解这个做假账的方法，首先我们需要知道成本的计算方法。

为了便于理解，让我们以"采购商品然后销售"的零售业为例来思考。

那么，我们要如何计算该期销售商品的成本呢？如图表4-8左侧所示，用期初商品库存加上期中采购库存（期中可销售商品总额），减去期末剩余库存（金额），就是销售成本。也就是说，"销售成本=期初库存+期中采购商品−期末库存"。

然后，如图表4-8右侧所示，如果企业通过某种方法使期末库存被多算，那么就可以通过少算销售成本来使利润虚高。

但这种方法如果重复使用，每年被过多计算的库存就会像滚雪球一样越来越大。如果库存金额太高的话，在资产负债表上就会显得很不自然，假账就容易暴露。

一旦被爆出做假账，企业的信誉将一落千丈，事业恐怕也无以为继。

● 图表4-8 少算销售成本

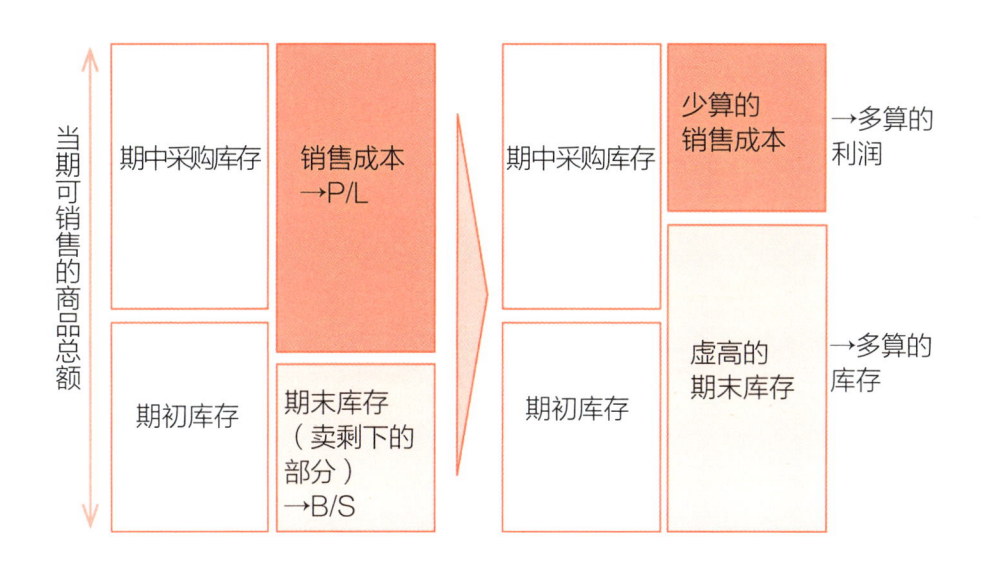

如何识破假账

那么,要想识破假账,都有哪些方法呢?最有效的方法是第三章中提到过的周转期分析和现金流分析。

为了把握这两种方法,让我们来看一下系统开发公司Media Links的事例吧。

该公司在2004年被发现通过循环交易等虚假交易使销售额虚高,公司的社长也因为违反证券交易法被判有罪。

图表4-9是Media Links的销售额、营业利润、销售债权周转期、库存资产周转期、营业CF的整理表。该公司的销售额、营业利润都顺利增加,只从这个图表上来看,业绩似乎没有任何问题。

● 图表4-9　Media Links的财务指标

决算期　　　（3月期）	1998年	1999年	2000年	2001年	2002年	2003年
销售额　　（百万日元）	1,303	1,532	1,797	2,047	6,552	16,864
营业利润　（百万日元）	18	112	138	35	336	502
销售债权周转期　（月）	6.89	5.37	7.03	7.03	3.18	2.92
库存资产周转期　（月）	0.12	0.46	0.70	0.43	2.13	3.63
营业CF　　（百万日元）	-	-	-	-400	-218	-4,474

注：2000年3月期之前是单独结算，2001年3月期之后是合并结算

但对这家公司的销售债权周转期进行计算后发现，从1998年3月期到2001年3月期之间的周转期在5~7个月之间。考虑到信息服务业的销售债权周转期平均为2~3个月，这个数字显然是不正常的。

库存资产周转期在2001年3月期之前都不足1个月，但从2002年3月期到2003年3月期之间却增加了不少。这很有可能是在做假账的过程中，库存资产大幅增加导致的。

另外，2002年3月期到2003年3月期，销售债权周转期又缩短到3个月左右。仅凭这些数据我们无法知道详细内容，但很有可能是因为销售债权过高，于是将其中一部分转移到了库存资产上。

像这样的情况，对现金流进行分析也很有效。虚假的交易不会产生现金流，而企业想不经过金融机构，单方面修改现金与活期存款的余额几乎是不可能的。

事实上，尽管2001年3月期以后P/L上的营业利润都是黑字，但从Media Links公开的合并现金流量表上来看，营业CF却连续3期都出现了赤字。

M&A会导致利润下降吗

M&A和"商誉"

正如第一章中说明过的那样,在B/S的无形固定资产中,有"商誉"一项。当企业进行M&A时,收购价格与以时价为基础计算出的被收购企业的净资产之间会出现差额,这部分就会以商誉的名义被计算在B/S中。进行M&A的次数越多,商誉的金额也就越多。

图表4-10是2016年末,商誉较高的主要企业和其采用的会计基准的整理图。

从这个图表上不难看出,像软银集团和JT这样过去进行过多次大规模M&A的企业,其商誉的金额也很高。其中值得关注的是各家企业采用的会计基准。图表4-10所表示的10家企业中,采用国际会计基准和美国会计基准的各有5家。采用日本会计基准的则1家也没有。这又是为什么呢?

● 图表4-10　商誉较高的主要企业和会计基准

企业名称	商誉	会计基准
软银集团	48,598亿日元	国际会计基准
JT	16,019亿日元	国际会计基准
NTT	12,790亿日元	美国会计基准
佳能	9,364亿日元	美国会计基准
武田药品工业	7,773亿日元	国际会计基准
电通	7,187亿日元	国际会计基准
松下	5,598亿日元	美国会计基准
富士胶片控股	5,049亿日元	美国会计基准
索尼	5,032亿日元	美国会计基准
KDDI	4,539亿日元	国际会计基准

注：截至2016年末的数据。作者根据2017年3月18日《日本经济新闻（朝刊）》及各公司结算资料等制作

商誉的会计处理方法

解开这个谜题的关键在于商誉的会计处理方法。现在日本的会计基准规定，商誉必须在20年之内偿还完毕。

而国际会计基准和美国会计基准则没有偿还商誉的要求（只要没有减损的征兆就不会被算作费用）。正是因为基准上的差异，导致拥有较高商誉的企业如果选择日本会计基准，就会在P/L的计算上出现商誉偿还费用，导致利润的金额出现巨大的变化。

假设图表中的企业必须在20年之内以每年相同的金额将商誉偿还完毕（这种偿还方式被称为"定额法"），那么软银集团每年都会产生接近2,500亿日元的商誉偿还费用。换句话说，通过采用国际会计基准，软银集团每年多出了接近2,500亿日元的利润。

当然，很多企业之所以采用国际会计基准和美国会计基准，最大的原因还是希望与全球接轨。

但从绝大多数拥有巨额商誉的企业都采用国际会计基准和美国会计基准

这一点上来看，在商誉处理方式上的区别，也是企业选择国际会计基准和美国会计基准的重要原因。

变更为国际会计基准的情况下也存在风险

那么，采用国际会计基准和美国会计基准之后，商誉就不会对利润产生影响了吗？那倒也未必。

在国际会计基准和美国会计基准中，虽然不要求对商誉进行定期偿还，但在决算期末会做"减损测试"，一旦测试发现被收购企业的价值低于账面价格，那么企业就必须从资产中减去相应的部分，并被算作减损损失（采用日本会计基准的情况下，是从商誉中减去相应的部分）。

因此，即便企业采用的是国际会计基准和美国会计基准，在拥有巨额商誉的情况下，存在将来可能出现巨额损失的风险。

专栏 4

企业与监察法人的纠葛

当一家企业被爆出做假账的丑闻时，负责对这家企业进行会计监察的监察法人也会一并遭到处罚。

2005年，负责对钟纺进行会计监察的中央青山监察法人的注册会计师就遭到了逮捕。逮捕的理由是，这名注册会计师在知道钟纺出现资不抵债（负债总额超过资产总额的状态）的情况下，仍然帮助其做假账隐瞒事实，严重违反了身为会计监察人的职业道德。

另外，在2015年爆出的东芝违法会计事件中，负责会计监察的新日本有限监察法人和直接进行会计监察的7名注册会计师也遭到金融厅的行政处罚。当时，他们没有对东芝提交的说明进行仔细审查，没有发现其中存在的违法会计处理内容。

上述事件的背后存在监察法人与被检查企业之间"相互勾结"，以及监察法人没能识破企业做假账的违法行为等问题。如果监察法人能够看出企业经营者的真正意图，并且督促其采取正确的会计处理方式，就能够避免类似的事件发生。

我在担任某制造业上市企业的经营管理顾问时，就发生了一件给我留下深刻印象的事情。这家企业除了传统的销售事业之外，还打算新成立一个租赁事业部门。如果要想开展租赁事业，自身必须拥有用来租赁的产品，这些用于租赁的产品会被算作资产。

但是，正如第三章中说明的那样，自身资产增加会导致资本效率下降。这家企业的经营目标之一就是提高ROA和ROE，所以不想将租赁资产算在自己的B/S上。

于是，他们找监察法人商量，是否可以将产品卖给租赁公司，然后再从租赁公司租赁这些商品，以"出售再租回"的方式将租赁资产从B/S上去除。

监察法人对此的回答是，"不能将租赁回来的租赁事业的资产从B/S上去除"。关于租赁会计的详细内容，因为过于专业，本书不做介绍，但关于租赁资产是否应该算在B/S之上的判断，取决于借贷方是否实际上拥有这些资产。

在这个案例中，监察法人对该企业的交易进行分析后认为，租赁回来租赁事业的资产不应该被从B/S上去除。于是该企业再次询问监察法人，是否有其他将租赁资产从B/S上去除的方法，但不管如何改变条件，租赁回来的租赁事业的资产实际上就是该企业的资产，因此监察法人的回答都是不能。最终，该企业只能将租赁资产算在自己的B/S上。

虽然这只是我作为管理顾问经历过的一次事件，但在监察法人和接受监察的企业之间，类似这样的纠葛肯定时有发生吧。绝大多数纠葛都应该得到妥善的处理。

然而，哪怕只是微不足道的小事，如果没能及时发现客户企业的会计违法行为，这家企业的监察法人也会落得名誉扫地的下场。从这个意义上来说，监察法人在进行会计监察时，必须做到滴水不漏才行。

第五章
利用会计思考力设定KPI
——实现战略的业绩评估指标

本章获得的"武器"

√ KPI的基础知识

√ 设定符合企业愿景和战略的KPI的方法

√ 导入KPI时不会落入陷阱的技巧

√ 选择符合目标的KPI的方法

使用会计的数字改变现场

从外部分析者的立场到经营者和管理者的立场

前面几章的内容，是告诉我们如何通过解读会计的数字，来发现商业活动现场发生的事情。也就是说，只要掌握了会计思考力，就可以通过财务报表，把握这家企业的商业模式，发现其中存在的经营问题。

那么，要想通过会计数字改变商业活动的现场，应该怎么做才好呢？

这就需要我们从外部分析者的立场转移到经营者和管理者的立场上来。

当然，前文中介绍的那些会计思考的基础，即便站在经营者和管理者的立场上也同样重要。特别是通过会计数字发现经营问题的能力，不管对谁来说都是必不可少的能力之一。

除此之外，站在经营者和管理者的立场后，还需要拥有利用会计的数字设计评估体制的能力，以及通过PDCA循环采取必要的手段，使组织更接近理想状态的能力。

在第五章和第六章中，我会为大家介绍将会计数字活用于战略中，改变商业活动现场的方法。首先让我们从导入KPI开始。

什么是KPI

KPI是英文"Key Performance Indicator"的缩写，翻译过来的意思是"关键业绩指标"。

KPI是企业等组织用来检测目标实现程度的指标。还有一个用来测定企业最终成果的指标叫作KGI（Key Goal Indicator），但KPI和KGI之间并没有严格的区别，所以本书将表示组织业绩目标（数值目标）的指标统称为KPI。

KPI能够检测企业重要业绩和成果的达成度，因此只要KPI达到了目标水准，那么企业就会朝着理想的方向前进，反之则可以通过找出无法达到目标的原因来对改善业绩。

由此可见，KPI对企业来说，就像是体检的检查结果。如果一个人的体检结果发现异常，就可以及时地找出原因，然后通过药物治疗或者改变生活习惯来使身体得到改善。企业也一样，如果KPI的目标达成状况不佳，通过找出其中的原因并加以改善，就可以使商业活动走上正轨。

也就是说，KPI相当于引领企业朝着正确方向前进的罗盘针。

企业愿景、经营方针与KPI

要想将KPI当作罗盘针，首先必须明确企业的目标和前进方向。

如果没有一个明确的目标，就不知道企业应该朝哪个方向前进，不知道企业前进的方向，就不知道应该如何设定KPI。这里所说的目标就是企业的愿景，前进的方向就是经营方针。

企业的愿景、经营方针和KPI必须统一（图表5-1）。不管提出多么明确的经营方针，如果不能设定与之相符的KPI，就无法将商业活动引导向正确的方向。

● 图表5-1　企业的愿景、经营方针与KPI

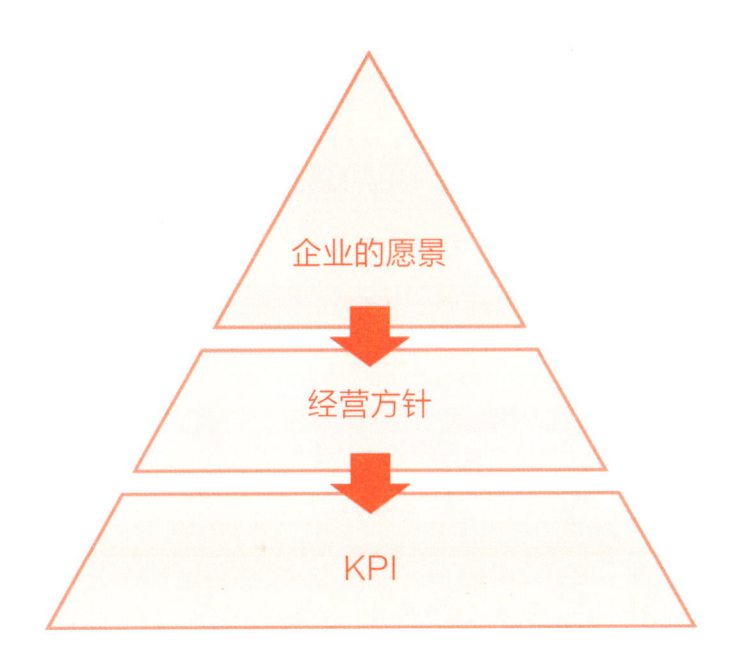

```
       企业的愿景
              ↓
        经营方针
              ↓
          KPI
```

让我们以食品制造企业卡乐比为例来看一下KPI的设定方法（图表5-2）。卡乐比的集团愿景是"成为让顾客、员工及其家人、社区、股东都尊敬、赞赏、喜爱的企业"。

他们提出的经营基本方针是"实现持续成长和高收益体质"，支撑这一经营方针的两个关键是"成长战略"与"削减成本"。

也就是说，卡乐比要通过成长战略与削减成本来实现持续成长和高收益体质，成为让诸多相关者（利益相关者）都喜爱的企业。

● 图表5-2 卡乐比的集团愿景、经营方针、KPI

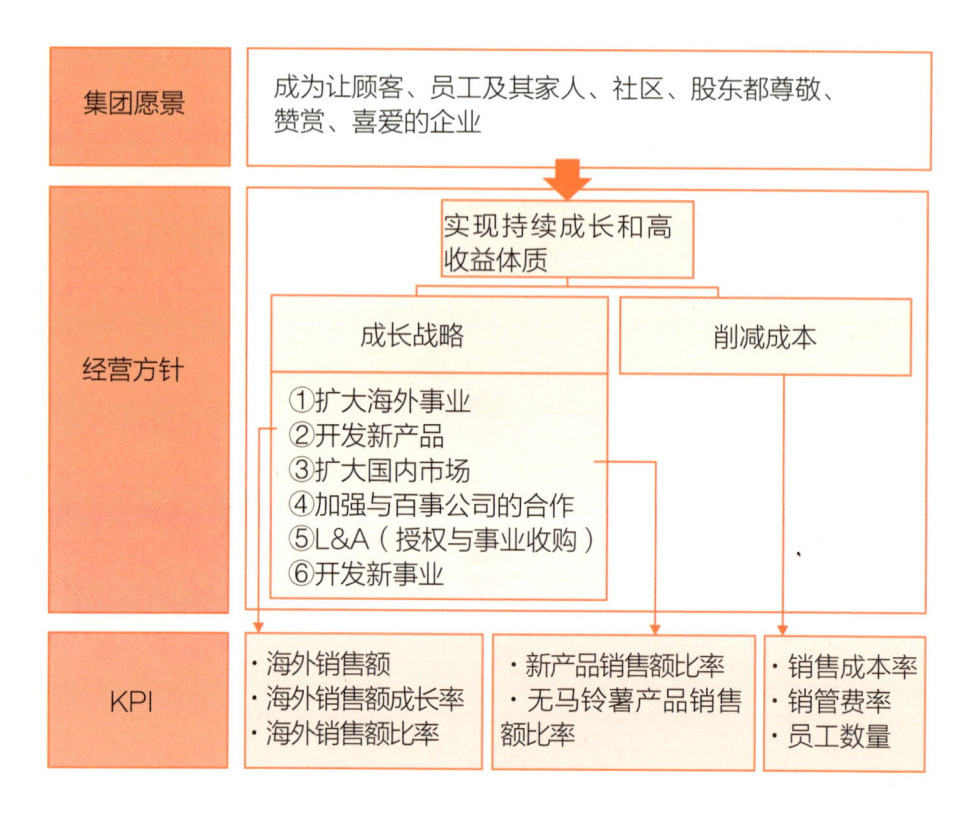

| 集团愿景 | 成为让顾客、员工及其家人、社区、股东都尊敬、赞赏、喜爱的企业 |

经营方针：

实现持续成长和高收益体质

成长战略
①扩大海外事业
②开发新产品
③扩大国内市场
④加强与百事公司的合作
⑤L&A（授权与事业收购）
⑥开发新事业

削减成本

KPI：
- 海外销售额
- 海外销售额成长率
- 海外销售额比率

- 新产品销售额比率
- 无马铃薯产品销售额比率

- 销售成本率
- 销管费率
- 员工数量

出处：作者根据卡乐比株式会社网站及相关杂志制作

成长战略的具体内容包括：

①扩大海外事业。

②开发新产品。

③扩大国内市场。

④加强与百事公司的合作。

⑤L&A（授权与事业收购）。

⑥开发新事业。

因此接下来的关键就在于设定能够对愿景与经营方针进行检测的KPI。

比如卡乐比针对"①扩大海外事业"，设定了海外销售额、海外销售额成长率、海外销售额比率等KPI。而针对"②开发新产品"设定的KPI则是新产品销售额比率和无马铃薯产品销售额比率（不含马铃薯成份的产品的销售比率）。针对"削减成本"设定的KPI是销售成本率、销管费率、员工数量等。

像这样将企业的愿景、经营方针、KPI整合起来，对于利用KPI帮助企业实现应有状态至关重要。

KPI与运营指标、行动指标之间的关系

正如前文中说明过的那样，KPI是对组织是否按照经营方针前进并达成相应目标进行检测的指标。但仅仅设定KPI并不能达成目标。

那么，应该怎么做才好呢？

要想达成KPI的目标应该采取哪些行动？在思考这个问题的时候，可以将与具体行动相关的指标分解。

本书将这些被分解的指标称为"运营指标"，而对提高运营指标所需的、对行动达成度进行测量的指标称为"行动指标"。

KPI与运营指标、行动指标之间的关系如图表5-3所示。

关于运营指标分解方法的详细内容，我将在第六章为大家说明，但分解的关键在于要一直分解到使人一目了然地看出这个行动能够提高运营指标为止。

此外，虽然在图表5-3上看不出来，但在KPI的"销售额"和"成本"的上方应该还有"利润"这个KPI。

类似于这种KPI本身的阶层结构也必须注意。

● 图表5-3　KPI与运营指标、行动指标的关系

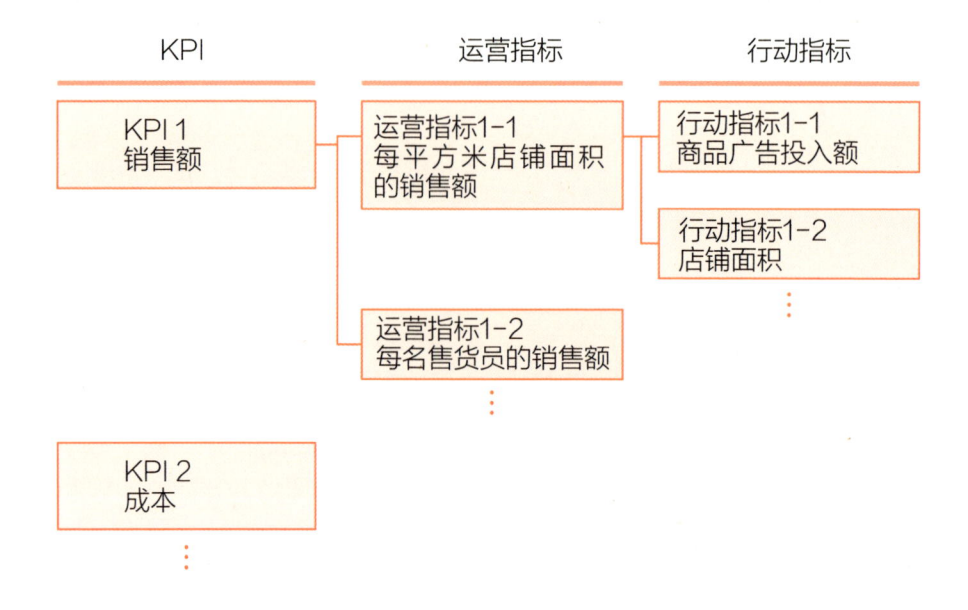

KPI	运营指标	行动指标

- KPI 1
  销售额
  - 运营指标1-1
    每平方米店铺面积的销售额
    - 行动指标1-1
      商品广告投入额
    - 行动指标1-2
      店铺面积
      ⋮
  - 运营指标1-2
    每名售货员的销售额
    ⋮
- KPI 2
  成本
  ⋮

KPI管理为什么非常重要

KPI管理为什么非常重要？

KPI管理大致上具有以下三个优点：

> ① 能够给达成目标提供原动力
> ② 出现问题时能够及时应对
> ③ 能够将行动计划与实际情况之间的差异"可视化"

接下来我将依次对上述内容进行说明。

能够给企业达成目标提供原动力

第一个优点是，KPI管理能够给企业达成目标提供原动力。

想要导入KPI管理的经营者和管理者大概都是最看重这一点。

要想使企业得到成长，创造利润，就必须让员工知道企业的目标，并且敦促员工为了实现这一目标而努力。

在员工朝着设定的目标前进的过程中，KPI管理是推动员工前进的原动力。

出现问题时能够及时应对

第二个优点是，KPI和运营指标在企业经营上出现问题时会及时地发出信号。

如果能够第一时间发现经营上出现的问题，就能够及时采取措施应对，将问题带来的影响控制在最低限度。

为了发现问题，对KPI和运营指标不但要按照年度确认，甚至还要按照每月和每周来确认，找出数字出现变化的原因，然后让能够解决问题的PDCA顺利地循环起来。

能够将行动计划与实际情况之间的差异"可视化"

通过设定与KPI和运营指标相连的行动指标，可以确认当初的计划是否得到了顺利执行。

如果行动的结果与当初的计划不相符，通过找出问题所在（比如，现场的营业人员不足导致销售次数没有达到计划要求），就可以使行动恢复到原来的计划中。

像这样，将行动计划与实际情况之间的差异"可视化"，可以使现场解决问题更加容易，这也是KPI管理的优点之一。

导入KPI管理时的陷阱

在导入KPI管理的时候，最常出现的失败原因都有哪些呢？

失败的原因有很多，下面我将为大家介绍最有代表性的三个陷阱。

企业的愿景、经营方针与KPI不符

第一个陷阱是企业的愿景、经营方针和KPI缺乏整合性，导致KPI管理无法顺利进行。

企业的愿景、经营方针与KPI的整合非常重要。如果上述三者之间缺乏整合性，那么员工就不知道为什么要设定这样的KPI，导致缺乏按照KPI努力工作的积极性。

在考虑如何将企业愿景、经营方针与KPI整合到一起的同时，也要对员工解释清楚其中的关联性，这一点非常重要。

没有将KPI分解为运营指标和行动指标

第二个陷阱是没有将KPI分解为运营指标和行动指标，导致出现问题。

如果不将KPI分解为运营指标和行动指标，事业部门现场的人就不知道自己应该采取什么行动，以及为了达成KPI应该提高什么指标。而且，当KPI出现问题的时候，也难以把握真正的原因是什么，导致损失扩大。

要想让KPI在事业部门等现场发挥作用，必须将其分解为适合现场的运营指标和行动指标。

虽然导入了KPI，却没有让PDCA循环起来

最后一种陷阱是虽然导入了KPI，却没有让PDCA循环起来。

仅仅导入KPI并不能产生任何效果。

只有员工齐心协力朝着设定好的方向前进，并且在遇到问题的时候想办法解决问题，才能达成KPI的目标。

要想做到这一点，就必须依次对KPI、运营指标、行动指标进行检查，遇到无法实现的问题通过PDCA循环来解决。

可以说，在KPI管理中，让PDCA循环起来是最基本的要求。

如何设定KPI

本节我就为大家介绍一些最常用的KPI,其中就包括第三章中提到过的财务指标。此外,我还将针对在什么样的情况下,应该设定什么样的KPI这一问题做说明。

最常用的KPI

首先介绍的是销售额、费用、营业利润、当期净利润,以及将上述内容综合到一起计算得出的销售额利润率。可能有人觉得这些指标太简单了,但实际上越是简单的指标越能够让人一目了然,反而更容易发挥作用。

导入复杂的KPI,并且让员工思考实现方法,可能对提高员工理解及活用会计知识有所帮助,但也容易使员工对KPI产生误解,导致无法取得理想的成果。请不要忘记,管理的目的并不是导入复杂的KPI,而是取得成果。

大胆设定简单KPI的代表企业,就是前文中提到的卡乐比株式会社。在2009年松本晃出任会长兼CEO之前,卡乐比拥有上万个指标,导致真正重要的指标难以被发现。于是,卡乐比在2011年提出经营指标精简计划,将指标的数量控制在一定的范围之内。

此外，设定连事业部门都能一目了然的KPI可以说是卡乐比最大的特征。松本晃这样说道："如果设定连经营者都难以理解的复杂指标，会让员工不知道现在应该做些什么。"

卡乐比设定的KPI如图表5-4所示。虽然其中也包括市场份额等指标，但绝大部分都是销售额、利润之类通俗易懂的指标。

正如前文中提到过的那样，这些KPI与卡乐比的集团愿景和经营方针有着十分紧密的联系。可以说，正因为选择了这些通俗易懂的KPI，才使得集团愿景、经营方针和KPI之间的联系一目了然，更容易被员工了解和接受。尤其是在员工的会计素养普遍不高的情况下，设定通俗易懂的KPI是更加明智的选择。

● 图表5-4　卡乐比的KPI（部分）

			单位	目标
成长性	合并销售额	销售额	亿日元	...
		增长率	%	...
	海外销售额	销售额	亿日元	...
		增长率	%	...
		销售额比率	%	...
	营业利润	利润	亿日元	...
		增长率	%	...
		利润率	%	...
	净利润	利润	亿日元	...
		增长率	%	...
革新性	新产品销售额比率		%	...
	无马铃薯产品销售额比率		%	...
	市场占有率	零食	%	...
		薯片	%	...
		玉米类食品	%	...
		麦片类食品	%	...

出处：作者根据日经商业（2016年6月13日）制作

越来越多的企业开始使用的新KPI

越来越多的企业开始将ROA、ROE、ROIC等收益性财务指标设定为KPI。

尤其是经济产业省在2014年公布的"可持续发展的竞争力与激励性——构筑企业与投资者的和谐关系"项目的最终报告书（伊藤报告）中，提出日本企业最低限度也应该取得8%以上的ROE，因此这一指标受到了全社会的关注。

除此之外，近年来被越来越多的企业所采用的指标还有ROIC（投入资本利润率）。

ROIC的计算公式如图表5-5所示，分母部分是投入资本、分子部分是利润。

● 图表5-5　ROIC的计算公式

$$ROIC = \frac{利润}{投入资本} \times 100\,(\%)$$

投入资本如图表5-6最下方所示，对资金筹集方来说，是有利息负债和净资产的合计；对资金利用方来说，是事业用资产（周转资金、销售债权、库存资产、固定资产等）减去事业用负债（采购债务等）的差额（严格来说，投入资本的计算方法还需要做更加准确的调整，但本书采用的是最简单的计算方法）。

● 图表5-6　投入资本的计算方法

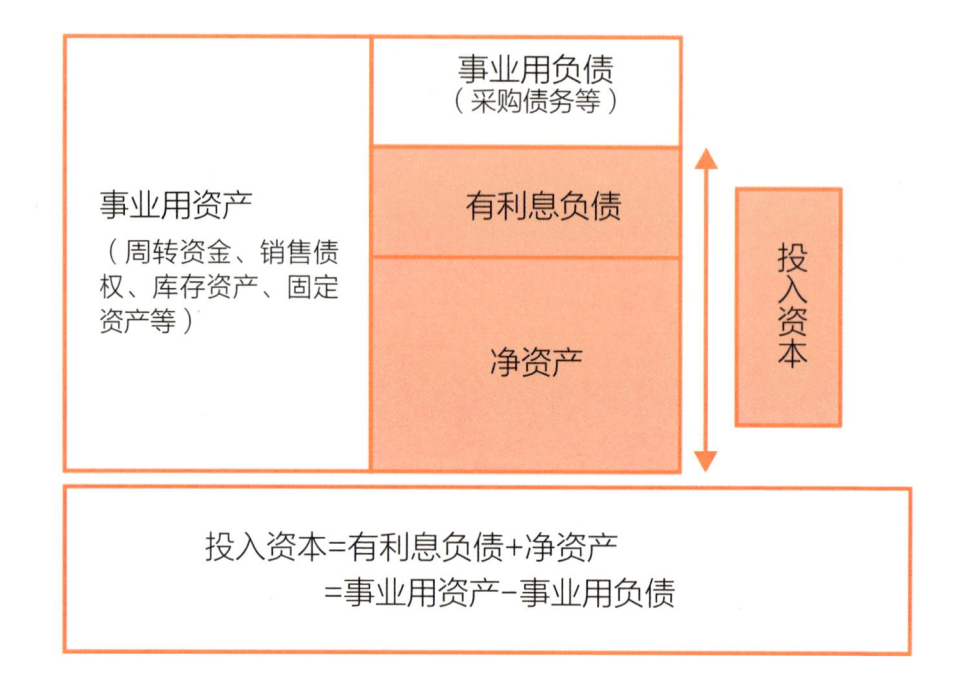

事业用资产 （周转资金、销售债权、库存资产、固定资产等）	事业用负债 （采购债务等）	投入资本
	有利息负债	
	净资产	

投入资本=有利息负债+净资产
　　　　=事业用资产-事业用负债

此外，从理论上来说，利润部分应该使用的是"缴纳所得税后的营业利润"。因为属于提供有利息负债的债权人和股东的利润，应该是减去所得税后且支付利息之前的利润。但实际上很多企业都把缴纳所得税前的营业利润和当期净利润当作分子。

大家都很熟悉的欧姆龙就是将ROIC纳入KPI的代表企业。欧姆龙一直对资本的收益性非常重视，很早就将ROE纳入KPI。

但正如第三章中介绍过的那样，ROE会随着财务杠杆的升高而升高，因此近年来欧姆龙为了能够更加准确地把握事业的收益性，开始将ROIC纳入KPI。在欧姆龙的ROIC中，分子部分使用的是当期净利润。

欧姆龙使用ROIC管理的特色，在于使用了ROIC的"翻译公式"。欧姆龙的ROIC如图表5-7所示，能够分解为销售额当期净利润率和投资资本周转率（与第三章ROA的分解方式相同）。

● 图表5-7 欧姆龙ROIC的"翻译公式"

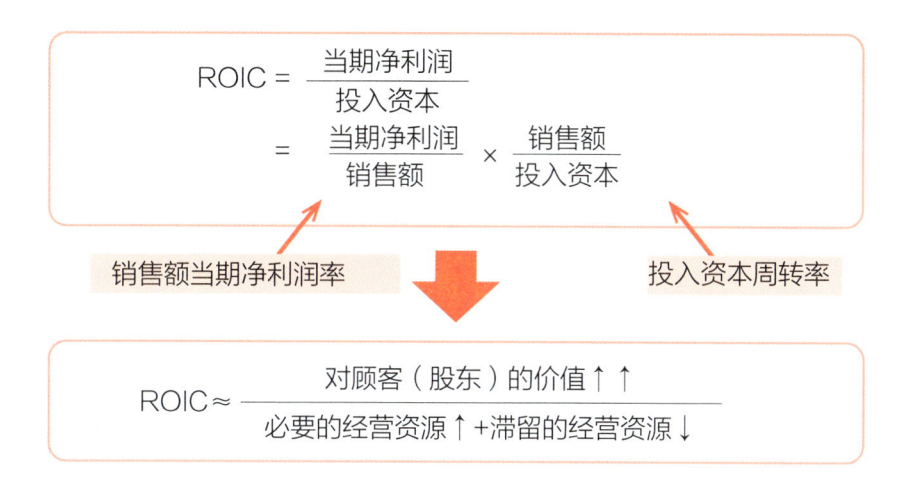

$$ROIC = \frac{当期净利润}{投入资本} = \frac{当期净利润}{销售额} \times \frac{销售额}{投入资本}$$

销售额当期净利润率 　　　　　　　　　投入资本周转率

$$ROIC \approx \frac{对顾客（股东）的价值 \uparrow \uparrow}{必要的经营资源 \uparrow + 滞留的经营资源 \downarrow}$$

出处：作者根据欧姆龙合并报告2015制作

从这个分解公式来看，要想在短期内提高ROIC，与花费大量时间提高销售额相比，削减费用增加利润，提高销售额当期净利润率，以及减少投入资本，提高投入资本周转率等方法更加合适。

但就算企业提出的经营方针是成长，如果按照上述方法采取行动，则很容易使企业经营出现规模紧缩的问题。

因此，欧姆龙对这个ROIC的公式做了如图表5-7下方所示的"翻译"。通过这个"翻译公式"不难看出，即便会使分母变大，但只要能够给顾客（股东）提供更高的价值，就应该进行必要的投资；另一方面，如果存在滞留的经营资源，就应该想办法削减滞留经营资源的数量，提高ROIC。

应用上述公式的例子，具体表现在欧姆龙电子零件产品的小型化上。欧姆龙最有代表性的产品之一是一种被称为"继电器"的电子零件。这个零件的需求会随着相应产品的需求增加而上下浮动，因此经常会出现产能跟不上或者产能过剩导致运转率低下的问题。

于是欧姆龙采取了小规模投入小型化设备（相当于投入"必要的经营资源"），以及尽量控制大型设备投资（相当于削减"滞留的经营资源"）的方法。

这样一来，欧姆龙得以在保证设备运转率的前提下，也有能力满足客户临时增加的订单需求，实现了提高"对顾客（股东）的价值"这一经营方针。

在将类似ROIC这样的比率指标设定为KPI时，很容易落入规模紧缩的陷阱，因此准确的"翻译"很有必要。

最后让我们来看一下欧姆龙的销售额与ROIC的推移图，如图表5-8所示。自从将ROIC设定为KPI的2012年3月期之后，欧姆龙的销售额和ROIC与之前相比都出现了显著提升。

虽然将ROIC设定为KPI并不能直接提高业绩，但毫无疑问对业绩提高起到了重要的推动作用。

● 图表5-8 欧姆龙的业绩推移

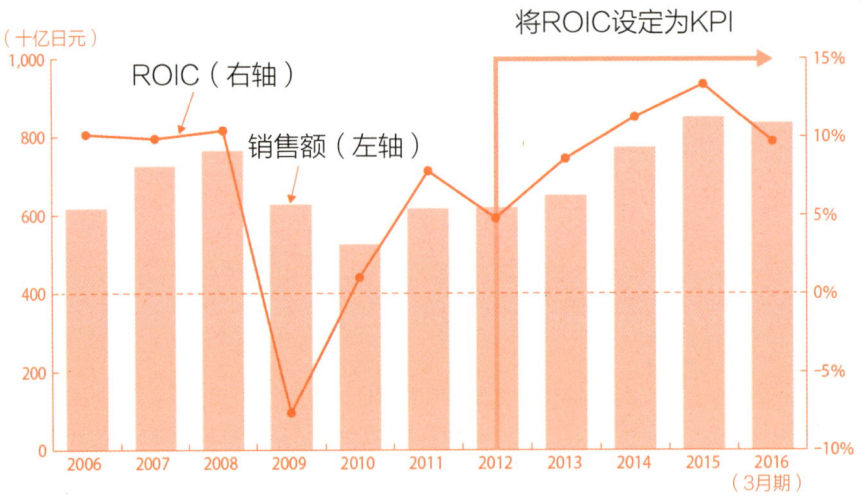

出处：笔者根据欧姆龙合并报告2016制作

CCC指标

正如第三章中说明过的那样,销售债权与库存资产增加,会导致资本的利用率降低。而应付债务周转期越长,在现金流上越有利。

根据上述内容设定的KPI就是CCC(Cash Conversion Cycle:现金流量周期)。CCC的计算公式如图表5-9所示。

CCC是用来表示从企业支付现金采购原材料和商品到最终回收销售现金之间所需时间的指标。

缩短CCC,需要将以销售债权和库存资产形式沉睡着的资金尽快回收,也就意味着充裕的现金流。

企业可以用获得的现金来偿还贷款,改善财务体质,也可以用于投资进行M&A等。

● 图表5-9　CCC的计算公式

> CCC = 销售债权周转期+库存资产周转期−应付债务周转期

生产精密仪器和汽车发动机的日本电产从2012年度开始使用CCC指标,根据2012年度日本电产的决算说明会资料(图表5-10),2011年度85天的CCC,在2012年度就缩短到了59天。

CCC的缩短,意味着创造出了相当于当时(2012年度)26大份销售额的大约500亿日元现金。事实上,日本电产的营业现金流在2011年度为567亿日元,而2012年度就达到了有史以来的最高值1,103亿日元。可以说,增加的大部分都是由CCC的缩短带来的。

● 图表5-10　日本电产的CCC

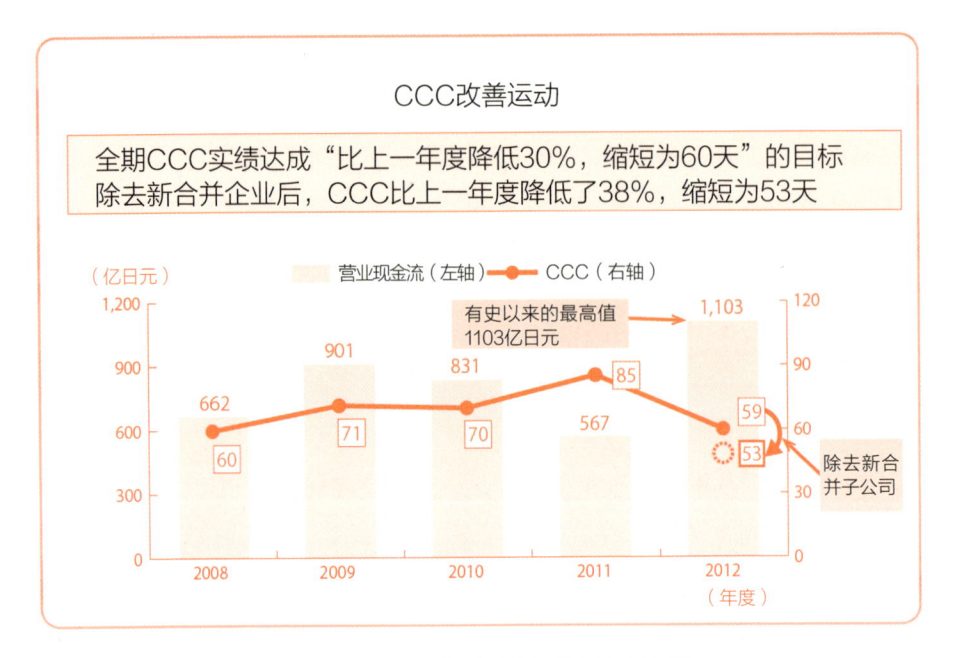

CCC改善运动

全期CCC实绩达成"比上一年度降低30%，缩短为60天"的目标
除去新合并企业后，CCC比上一年度降低了38%，缩短为53天

（亿日元）　■ 营业现金流（左轴）　—●— CCC（右轴）

年度	2008	2009	2010	2011	2012
营业现金流（亿日元）	662	901	831	567	1,103
CCC（天）	60	71	70	85	59 / 53（除去新合并子公司）

2011年营业现金流有史以来的最高值1103亿日元

出处：笔者根据日本电产2013年3月期决算说明会资料制作

日本电产在CEO永守重信的主导下成功地进行了多次M&A。通过CCC缩短获得的这些资金，对将来的M&A等投资毫无疑问是重大帮助。

现金流指标

在重视赚取现金能力的企业中，有一些企业将现金流设定为KPI。前文中提到的CCC也是和现金流有紧密联系的指标，但CCC关注的焦点在缩短销售债权和库存资产的回收期间上。

而现金流指标，则是将关注的重点直接放在企业赚取现金的能力上。因此，现金流与创造利润和提高资本效率两方面都息息相关。

接下来让我们通过东方乐园的事例来具体地看一下将现金流设定为KPI的活用方法。

如图表5-11所示，在2008年3月期到2011年3月期的"2010中期经营计划"中，利润（营业利润及当期净利润）被设定为KPI，2012年3月期到2014年3月期的"2013中期经营计划"中，FCF（自由现金流）被设定为KPI，2015年3月期到2017年3月期的"2016中期经营计划"中，营业CF（营业现金流）被设定为KPI。

正如第一章中说明过的那样，FCF是营业赚取的CF（营业CF）与用于投资的CF（投资CF）的合计。由于一般情况下投资CF都是负数，因此FCF就相当于用营业CF减去净投资额的差额（因为东方乐园使用的是独特的计算公式来计算营业CF和FCF，所以东方乐园在中期经营计划中发表的数值与合并现金流量表上的数值稍微有些差异）。

● 图表5-11　东方乐园的现金流与KPI的推移

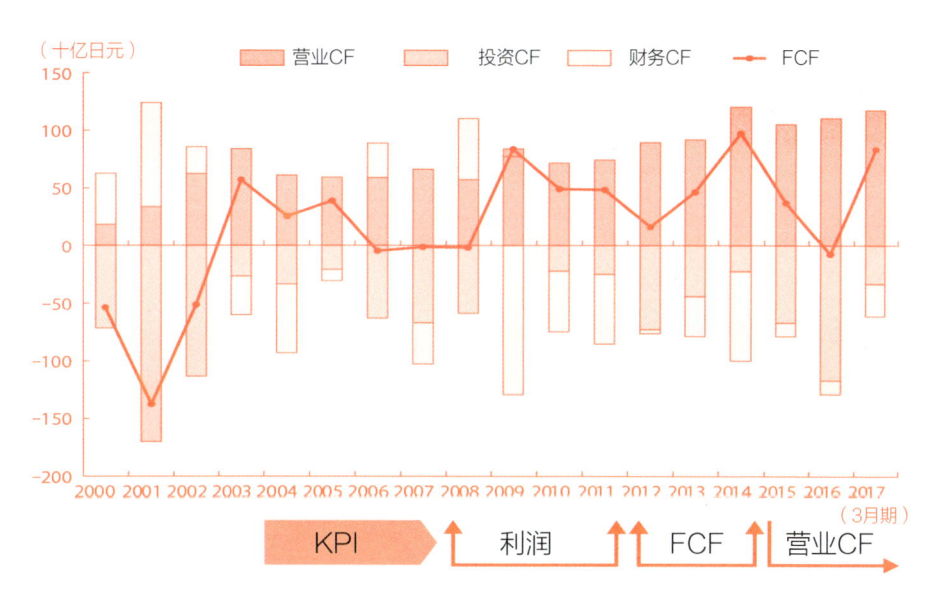

出处：作者根据东方乐园决算说明会资料及有价证券报告书等制作

为什么东方乐园在不同的时期设定了不同的KPI呢？

要想解答这个问题，需要确认一下东方乐园过去的现金流量表。

从图表5-11中2000年3月期到2002年3月期的FCF上来看，每年都有500亿日元到1500亿日元的赤字（这个FCF是根据合并现金流量表计算出来的）。在这一时期，伊克斯皮儿莉、国宾酒店、迪士尼海洋、梦幻海岸酒店等大型设施相继开业。伴随着大型设施开业的大型投资导致投资CF出现了巨大的负数，FCF也随之出现赤字。

在迪士尼乐园酒店开业的2008年7月之前的3期（2006年3月期到2008年3月期），FCF的数值也非常低。由此可见，每当进行大型投资的时候，FCF都会变低。

但是，2009年3月期以后，东方乐园的FCF开始迅速恢复。这是因为其停止了大型的投资。在这段时期，东方乐园开始将偿还有利息负债作为最优先选项，2008年3月期的时候，东方乐园的有利息负债的余额为2943亿日元，而到了"2013中期经营计划"结束的2014年3月期，这个数字已经减少到了584亿日元。

因为FCF是减去投资金额之后剩余的现金流，所以FCF的数值越大，可用于偿还负债的现金就越多。这一时期，东方乐园将FCF设定为KPI，目的是提高自身偿还负债的能力。

随后，东方乐园将KPI从FCF变更为营业CF。其中的原因，和之前第二章中分析过的内容有很深的联系。

东方乐园在赚取巨额利润的同时，也存在"园区内拥挤不堪导致游客满意度下降"的问题。为了解决这一问题，东方乐园计划继续在园区内投资。在这种状况下，如果仍然将FCF作为KPI，从事业战略的整合性上来看并不合适。于是，东方乐园将营业CF设定为新的KPI，目的是提高自身的投资能力。

东方乐园设定KPI的巧妙之处在于，根据事业所处的情形，设定与之相对应的指标。在想要偿还负债，改善财务体质的时候，就将FCF设定为KPI来提高偿还负债的能力；需要进行大型投资的时候，则及时地将KPI从可能会出现大幅降低的FCF转变为营业CF，用来提高自身的投资能力。

此外，在2018年3月期以后的"2020中期经营计划"中，东方乐园的目标是取得有史以来最高的营业CF。这可能是为了在园区里开设以"美女与野兽"为主题的新区域做准备。

EVA指标

EVA（经济附加值）是美国的管理顾问公司思腾思特开发的经营指标，21世纪初传入日本，之后逐渐被越来越多的企业所采用。EVA也是思腾思特的注册商标。

EVA的计算公式如图表5-12所示。

● 图表5-12　EVA的计算公式

$$EVA = 税后营业利润 - 资本成本$$
$$= 营业利润 \times (1-实际税率) - 投入资本 \times 资本成本率$$
$$= \left[\underbrace{\frac{营业利润 \times (1-实际税率)}{投入资本}}_{ROIC} - 资本成本率\right] \times 投入资本$$

要想准确地计算EVA，还需要加入许多调整项目，本书为了便于大家把握EVA的特征，选择了最简单的计算公式。

EVA用一句话来说，就是用税后营业利润减去投入资本（有利息负债与净资产）的成本之后的差额。

其中投入资本的成本，指的是银行、公司债权人等债权人，以及股东在对企业提供资金时要求的成本。比如对债权人支付有利息负债就相当于投入资本的成本。股东的话稍微复杂一些，股东通过分红获得的收益和股价上涨获得的收益都属于投入资本的成本。

在对股东的资本成本进行计算时，可以采用CAPM（Capital Asset Pricing Model：资本资产定价模型）等方法来计算。此外，在计算企业整体的资本成本时，需要计算将有利息负债的成本率和股东资本成本率加权平均后的WACC（Weighted Average Cost of Capital：加权平均资本成本），然后再乘以投入资本，但这部分的内容稍微有些复杂，本书就不做详细说明了。想了解资本成本详细内容的读者，可以阅读与公司金融相关的书籍。

此外，在计算EVA的时候，利润部分采用的是"税后营业利润"。计算EVA时从利润中减去的资本成本是有利息负债的成本和股东资本的成本，所以减去这部分之前的利润才是属于债权人和股东的利润。也就是说，"税后营业利润"是减去所得税之后且支付利息之前的利润。具体内容如图表5-13所示。

如果EVA为正数，说明企业减去所有利益相关者的成本后仍然能够创造利润。换句话说，EVA为正数的企业，其企业价值才有增加的可能。

● 图表5-13　EVA的思考方式

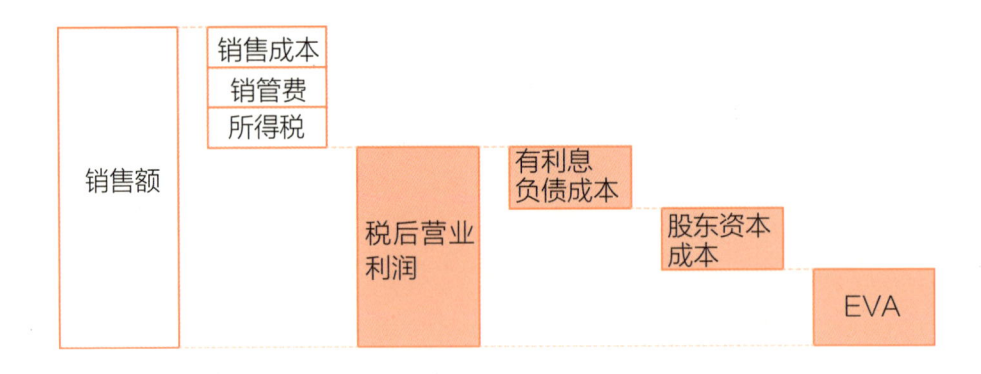

另外，正如图表5-12最下方的公式所示。EVA也可以看作是以营业利润为分子的ROIC减去资本成本率之后再乘以投入资本的数值。

因此，只要投入资本成本率和投入资本的数值不变，那么只要提高ROIC，EVA也会相应地得到提高。

导入EVA的代表性企业是前文中提到过的消费品生产企业花王。花王导入EVA的时间非常早，1999年花王就在思腾思特的指导下导入了EVA。可以说，花王是日本EVA经营的开拓者。

花王之所以导入EVA，是因为外国股东频繁询问与资本成本和EVA相关的问题，而当时的经营层认为要想实现全球化经营，就必须注意资本成本，于是决定导入EVA。

从当时花王的财务报表上来看，导入EVA的时期正是其现金流非常充裕的时期。从资本成本的角度来看，持有剩余的现金，就意味着存在多余的资本成本。

正所谓"现金也是成本"，花王通过导入EVA，使资本成本的意识渗透进企业的每一个角落，明确了削减多余现金和库存的目标。

图表5-14是导入EVA之前和之后花王营运资产（=现金与活期存款+有价证券）的推移，通过图表不难看出，在导入EVA之后，这部分资金在总资产中的占比逐渐转为下降趋势。

● 图表5-14　花王营运资产的推移

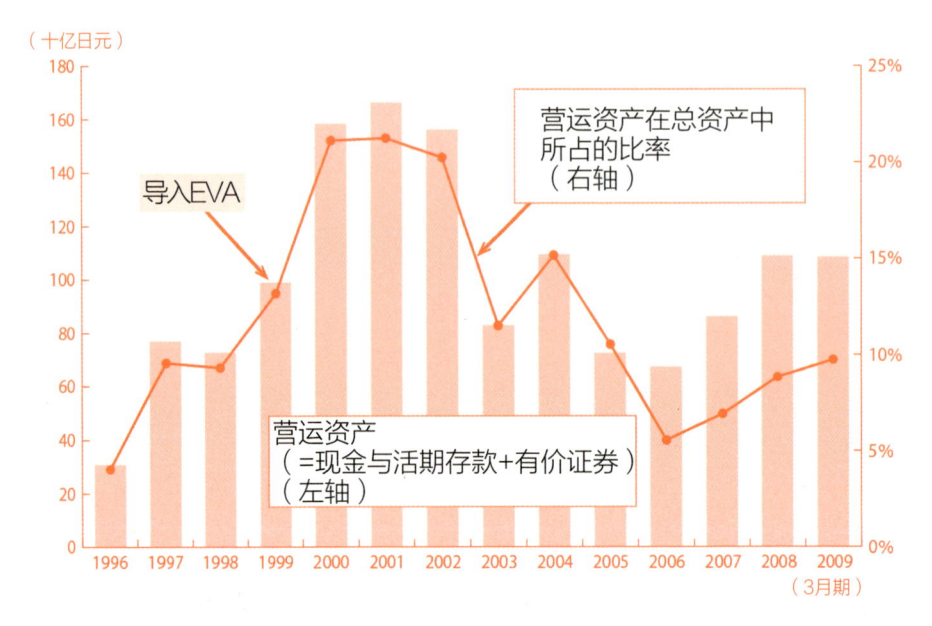

（十亿日元）

营运资产在总资产中所占的比率（右轴）

导入EVA

营运资产（=现金与活期存款+有价证券）（左轴）

出处：作者根据花王有价证券报告书等制作

这说明花王通过加大投资力度和回馈股东，将多余的营运资产都利用了起来。

图表5-15是花王的EVA的推移图。从这个图表上可以看出，自从导入EVA之后，2000年3月期到2006年3月期的这段时间里，花王的EVA一直在不断攀升。

随后，直到2010年3月期为止，因为收购钟纺和雷曼危机的影响，EVA的数值不断减少，但在2011年3月期之后又开始迅速增加。

● 图表5-15 花王的EVA的推移

（花王从1998年10月开始接受思腾思特的指导，是思腾思特在日本的第一个客户，1999年4月开始导入EVA）

出处：花王演讲资料（东京证券交易所日本的企业力"提高企业价值研讨会2017"）

如何活用各项指标

在本章中，我为大家介绍了销售额、费用、利润、利润率、ROA、ROE、ROIC、CCC、现金流、EVA等各种各样可以作为KPI的财务指标（经营指标）。至于应该选择哪个作为KPI，由企业的状况决定。

我对这些指标的特征做了整理（图表5-16），接下来让我们一起分析一下，什么样的情况应该选择什么指标。

● 图表5-16　各财务指标的特征

指标	优点	缺点	适合什么样的企业（示例）
销售额、费用、利润、利润率	·便于现场员工理解	·没有B/S的视角	·IT和服装等不重视B/S的企业 ·风险企业等对成长性比较重视的企业
ROA、ROE、ROIC	·有关资本效率的指标 ·可以对不同规模的企业进行比较	·以比率为指标，容易使企业陷入规模紧缩	·资本成本意识难以渗透进现场的情况
CCC	·聚焦销售债权与库存资产的效率化，让目的一目了然	·看不出销售债权与库存资产之外的效率性 ·没有收益性的视角	·希望通过提高销售债权和库存资产的效率来创造现金的情况
现金流	·聚焦赚取现金的能力，简单易懂 ·以金额为指标，不会陷入规模紧缩	·现场难以理解	·需要现金进行新投资或偿还有利息负债的情况
EVA	·与企业价值联动 ·以金额为指标，不会陷入规模紧缩	·概念比较复杂，现场难以理解 ·判断是否达成目标的范围太大	·希望将资本成本、企业价值的意识在公司内部普及的情况

销售额、费用、利润、利润率等，都是以P/L为基础的指标，将这些指标设定为KPI时最容易被事业部门理解与接受。但由于销售额、利润、利润率等指标缺乏B/S的视角，因此比较适合IT企业和服装产业等不怎么重视B/S的企业。

ROA、ROE、ROIC是加入资本视角的收益性指标。这些指标中包含B/S的视角，ROIC与EVA还具有一定的关联性，因此将ROIC设定为KPI能够提高企业的价值。

此外，导入EVA时的难点之一就是无法将资本成本的概念彻底渗透进事业部门，而ROIC则没有让事业部门也理解资本成本概念的必要。只要经营层理解ROIC和EVA的概念，然后将ROIC设定为KPI就足够了。对于必须进行大规模设备投资的企业来说非常有利。

另一方面，将ROIC设定为KPI的情况下，企业可能会为了增加作为分子的利润而削减费用，为了缩小作为分母的投入资产而削减资产，导致企业出现规模紧缩的情况。因此，必须像欧姆龙那样采用"翻译公式"，避免企业落入规模紧缩的陷阱。

CCC是聚焦销售债权和库存资产等营业相关资产的指标。这个指标提高销售债权和库存资产效率的目的十分明确，所以也很容易得到事业部门的理解。但这个指标无法看出其他资产的效率性，也没有收益性的视角，所以只适用于希望通过提高销售债权和库存资产的效率来创造现金的情况。

要想测量赚取现金的能力，现金流毫无疑问是最通俗易懂的指标。尤其是想要把握需要削减多少有利息负债和计算新投资需要多少资金的时候，现金流与目标值息息相关。

此外，现金流并不是比例指标而是金额指标，还拥有不会导致企业陷入规模紧缩的优点。现金流正如其字面意思，表示的是现金的流动，但通过提高B/S的销售债权、库存资产的效率和增加利润，都可以使现金流得到增加。也就是说，增加现金流的方法有很多。因此，关于具体应该通过什么方法来创造现金，需要和事业部门进行充分交流，这一点尤为重要。

EVA与现金流一样都是金额指标，不过其中增加了成长性的视角，而且还包含资本成本的概念，拥有资本效率性的视角，因此属于和企业价值息息相关的指标。因为EVA拥有的视角比较多，所以更易于企业通过单一指标来管理，这也是EVA最大的优点。

但拥有多个视角同时也是EVA的弱点。正如我将在"专栏5"中提到的那样，难以理解是导入EVA管理时最大的问题。

另外，提高EVA的方法多种多样，所以达成目标的方法也拥有非常广阔的可选择空间。

如果希望将资本成本、企业价值的意识在公司内部普及，EVA是非常合适的指标，但要想导入EVA，需要花费大量的时间在公司内部开展研修和培训活动，对此必须做好心理准备才行。

> 专栏 5

导入EVA的难点

曾经有一家企业委托我"帮助导入EVA"。这家企业因为没有上市,所以在之前的经营中并没有考虑到股东视角。现在这家企业即将上市,因此其希望通过导入EVA来强化一下股东视角。

正如前文中提到过的那样,EVA本身就是非常难以理解的指标,作为KPI导入更是难上加难。但对于企业来说,上市之前强化股东视角也非常重要,因此我以认真进行内部培训为条件,接受了对方的委托。

前文中我也提到过,EVA是思腾思特的注册商标,所以准确地说,那家企业委托我帮助导入的是类似EVA的包括资本成本概念的经营指标(此处我只是为了便于大家理解才继续沿用EVA的名称,实际导入时我用的是另外的名称)。

说一些题外话,很多公司都导入了类似EVA的经营指标,当然名字都不叫EVA。比如松下将其称为CCM(Capital Cost Management)。虽然叫法不同,但是本质上都是一样的。

委托管理顾问帮忙导入EVA的公司,大多采用的是事业部制,在管理会计上,每个事业部门都有自己的B/S和P/L,因此也希望能够分别导入EVA。

这样就出现了一个问题:如何设定各个事业部门的资本成本。本来计算未上市企业的资本成本就非常困难,但至少可以参考与之有相似事业特点的上市企业的数据来估算。而要想将这些资本成本再分摊到各个事业部门中,实在是有点强人所难。

一般来说,事业部门的风险越高,分配的资本成本也越高。正所谓"高风险、高回报"。通过对各事业部门过去业绩的不确定性进行分析,可以在一定程度上把握各个事业部门的风险性,这样就可以根据事业风险的大小来分配资本成本。

如果所有事业部门的事业风险相差不大,完全可以将资本成本平均分配,但在事业部门的风险存在较大差距的情况下,平均分配的做法显然行不通。

当然,也有从各种角度对事业风险进行分析仍然找不到合适的分配方法,最终只能随便决定分配比例的情况。

前文中提到的松下在导入CCM的时候,就将各事业部门的资本成本一律设定为8.4%,但从2015年4月开始又根据各事业部门的特点做出了5%~15%的调整。

不过,导入EVA时最难解决的,是如何让其彻底渗透进整个公司。我作为管理顾问,为希望导入EVA的企业的经营层和事业部门的干部进行说明时,发现导入EVA存在4个"难关"(图表5-17):

第一个是"EVA概念的难关"。我必须让对方理解"为什么不用像销售额之类的以P/L为基础的指标进行管理而要用EVA""导入EVA究竟有什么好处"之类的问题。

第二个是"资本成本的难关"。资本成本需要先利用CAPM等计算出股东资本成本,然后与有利息负债加权平均计算出整个公司的资本成本WACC。但要想让事业部门理解"什么是股东资本成本",就要花费相当多的时间和精力。更别说后面那些更加复杂的概念了。

第三个是"理解的难关"。就算越过了这两个难关,好不容易计算出了EVA,事业部门的人也不一定理解EVA的数值。毕竟EVA的数值与他们之前一直使用的以P/L为基础的数值完全不同，所以他们往往会提出"无法理解"的意见。此外，由于事业部门没有与资本政策相关的决定权，所以也搞不懂"为什么总公司的资本政策决定的资本成本也要适用在我们身上"。

第四个必须越过的难关是"控制的难关"。本章中也提到过，提高EVA的方法有很多，对于事业部门来说，有很大的选择余地。

比如，经营层希望事业部门能够积极地投资，通过成长来拉高EVA，而事业部门内则可能出现限制投资，规模紧缩的情况。

● 图表5-17　导入EVA时面对的4个"难关"

	企业内部的反应
EVA概念的难关	・为什么必须导入EVA -EVA与之前的财务指标有什么不同 -导入EVA能够带来哪些好处
资本成本的难关	・怎样计算资本成本 -什么是股东资本成本 -为什么要计算WACC -这种计算方法正确吗
理解的难关	・无法理解EVA的数值 ・无法理解自己部门的EVA为什么这么差 ・还是习惯销售额（营业利润） ・无法理解总公司的资本政策对自己事业部门的业绩造成影响
控制的难关	・只要不断向事业部门注入资金，EVA就会上涨 ・虽然总公司要求重视成长性，但为了提高EVA，也不得不从有成长性的事业中撤退出来 ・坚持保守战略就能提高EVA

要想越过这4个难关，首先必须在导入的时候，通过详细说明让经营层和事业部门都充分地理解EVA的概念，更重要的是在今后的长时间坚持这一

体制。

就连导入EVA接近20年的花王和松下，其经营者也承认，现场对EVA的理解程度并没有达到理想的水平。

EVA虽然具有可以凭借单一指标进行统一管理的巨大优势，但要想将其充分地利用在对包括现场在内的整个企业管理上，就必须坚持不懈地开展与之相关的学习和培训活动。

第六章

利用会计思考力将KPI落实到现场
——使用数字推动商业活动的方法

本章获得的"武器"

√ 让KPI发挥作用的秘诀
√ 将KPI分解的方法
√ 设定数值目标的方法
√ 活用KPI让PDCA循环起来的方法
√ 让KPI渗透进事业部门的方法

仅仅导入KPI无法让现场行动起来

为什么现场死气沉沉

看到这里,想必有读者也想将KPI导入自己企业的经营中吧。

事实上,正如前文中提到的那样,有不少客户企业都提出"我们想将EVA指标应用于经营中,请帮助我们"。

但很多时候,企业虽然导入了KPI,现场却没有出现任何改变,仿佛只是"画了一张大饼"。

某日本知名大型企业就尝试将KPI管理导入各个事业部门中。

主导这一行动的是该企业的经营企划部门。在导入KPI的过程中,该企业事业部门的一位负责人找我咨询。

这位负责人说:"公司内部召开了导入KPI的说明会,要求'先设定出明年开始事业部门的KPI'。但我们连设定KPI的要求和目标都不知道,应该怎么做才好呢?"

他的话里话外充满了对导入KPI的困惑,似乎根本不相信,通过导入KPI会让事业部门的状况变得更好。

毫无疑问,导入KPI本身并不是目的。通过导入KPI使管理向更好的方向发展才是目的。

遗憾的是，这家大型企业将导入KPI变成了目的，结果给现场带来了很多困惑，KPI变成了给事业部门增加多余工作量的"元凶"。

那么，要想避免出现这种情况，应该怎么做才好呢？

让KPI发挥作用的5个关键点

要想让KPI管理渗透进现场，必须注意5个关键点：

① 将KPI分解为运营指标与行动指标
② 适当设定数值目标的水准
③ KPI系统不要过于复杂
④ 建立让PDCA循环起来的体制
⑤ 保证经营企划部门和事业部门之间的交流

本章将依次对上述5个关键点进行说明。

将KPI分解

将KPI落实到运营指标

KPI是用来检测组织全体的目标（数值目标）是否达成的经营指标。在设定完公司全体的KPI和目标之后，接下来就是设定各个部门的KPI和目标值。

但只提出KPI和目标值，事业部门不知道应该怎样做才能达成目标。因此，KPI必须分解为能够和事业部门内部的行动联系起来的指标才行，这就是运营指标。

那么，KPI要如何分解为运营指标呢？

让我们继续用前文中提到过的欧姆龙的事例来说明。

图表6-1是欧姆龙在"ROIC经营2.0"中使用的"ROIC树状图"。

● 图表6-1　欧姆龙的ROIC树状图

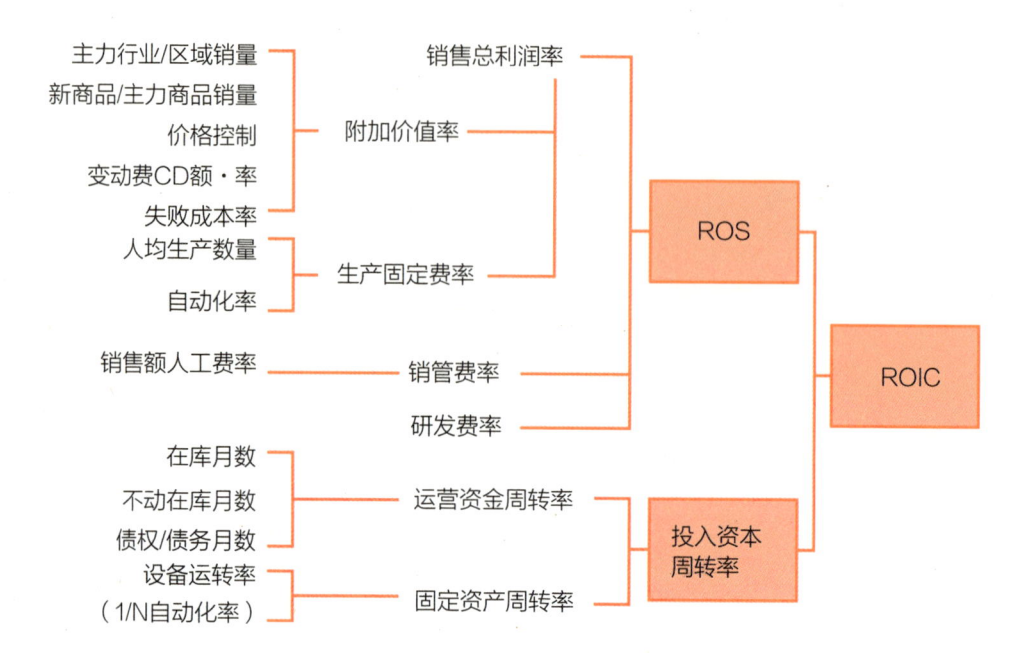

```
主力行业/区域销量 ┐
新商品/主力商品销量 ┤             销售总利润率 ┐
价格控制         ├ 附加价值率 ┤
变动费CD额・率   ┤                          │
失败成本率       ┘                          ├─── ROS ┐
人均生产数量 ┐                              │        │
自动化率     ├── 生产固定费率 ──────────────┘        │
                                                    │
销售额人工费率 ──── 销管费率 ───────────────┐        ├─── ROIC
                   研发费率 ───────────────┘        │
                                                    │
在库月数     ┐                                      │
不动在库月数 ├── 运营资金周转率 ────────┐           │
债权/债务月数 ┘                          ├ 投入资本 ┘
设备运转率   ┐                          │ 周转率
（1/N自动化率）├── 固定资产周转率 ──────┘
```

出处：作者根据欧姆龙联合报告2015制作

在这个图表中，欧姆龙设定为KPI的ROIC作为分解前的指标位于最右侧。

首先，ROIC被分解为ROS（销售额利润率）和投入资本周转率2个指标。然后ROS和投入资本周转率又被分解为许多指标，最终被分解为左侧的12个运营指标。

在对KPI进行分解时的基本方法是，将指标分解为组成要素。

但在能够分解为许多要素的情况下，应该优先选择重要性高的。

比如，在图表6-1中，投入资本周转率被分解为运营资金周转率和固定资产周转率。理由是投入资本周转率也关系到其他资产的周转率，因此将重点集中在对于事业部门最重要的运营资金（运营资本）和固定资产上。为了让KPI系统尽可能简化，在分解时要根据事业特征和企业战略，只选择重要性较高的指标。

接着，运营资金周转率又被分解为在库月数（库存资产周转率）、不动在库月数、债权/债务月数（销售债权周转率、应付债务周转率）等能够与运营的行动联系起来的指标。

将指标分解到这种程度，事业部门就可以通过对库存资产和销售债权等进行适当调整来提高运营资金周转率和投入资本周转率，最终实现提高ROIC的目的。在对运营指标进行分析时，最简单的办法就是检查其是否能够与事业运营的具体行动联系起来，让现场的每一个人都知道应该采取什么行动才能达成KPI的目标。

不过，对于有的部门来说，恐怕难以将KPI直接进行分解。比如间接部门，就难以将指标单纯地分解为运营指标。在这种情况下，可以参考前文中提到的欧姆龙的例子，对KPI进行大胆的"翻译"，使其更加通俗易懂，然后再以此为基础设定运营指标。

设定行动指标

设定完运营指标之后，接下来就要设定行动指标。比如对营业部门来说，如果拜访客户的次数越多，从该客户处获取的销售额和利润就越多，那就应该将拜访次数设定为行动指标。

在想要把握行动指标和运营指标之间的关系时，可以使用Excel制作散布图进行分析。分析结果可以作为选择行动指标时的参考。

图表6-2是某零售企业为了选择行动指标，将销售人员的工资作为横轴，将销售人员的销售额（运营指标）作为纵轴，制作的相关关系散布图。

● 图表6-2　指标间的相关分析（示例）

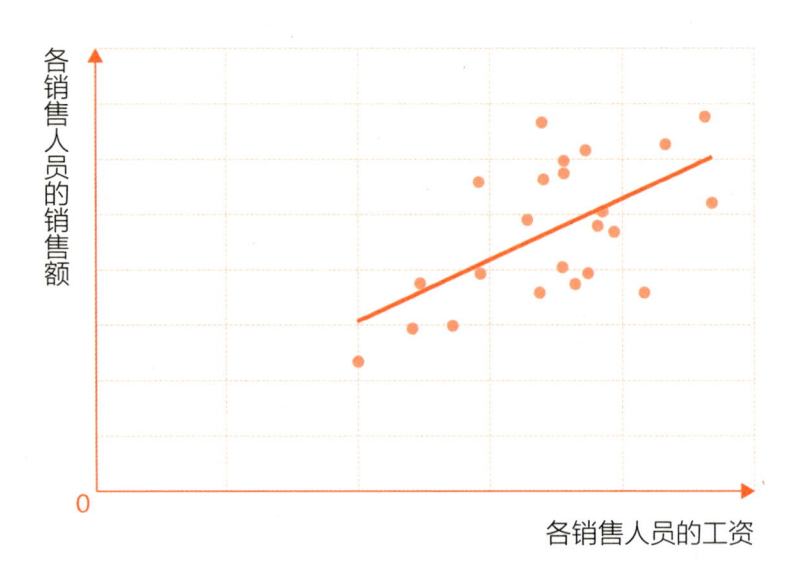

纵轴：各销售人员的销售额
横轴：各销售人员的工资

通过这个图表可以看出，虽然相关度并不是十分准确，但各销售人员的工资与销售额之间成正比关系（工资高的销售人员，销售额也高）。

但需要注意的是，尽管销售人员的工资与销售额之间存在相关关系，却并不意味着只要提高销售人员的工资，就一定能够提高销售额。

比如，各销售人员的工资其实是代表销售人员熟练度的变量（代理变量），如果熟练度越高的销售人员，取得的销售额也越高，那么要想提高业绩，就应该增加熟练度高的销售人员。

在这种情况下，可以将熟练度高的销售人员所占的比率作为行动指标，通过直接雇用有经验的员工或者加大培训力度来提高行动指标，实现提高销量的目的。

但如果销售人员的工资体系采取的是提成制，那么因果关系可能会出现逆转。比如图表6-2中所表示的关系很有可能是销售额高的销售人员工资也高。

不过在这种情况下，也不能直接得出各销售人员的销售额是影响工资的变量这一肤浅的解释。应该分析销售额高的销售人员都有哪些本质上的特征。

对与运营指标有关的因素进行分析，可以为设定行动指标提供重要参考，但也必须注意两者间是否存在因果关系，以及存在什么样的因果关系，保证指标设定的准确性。

设定数值目标的水准

有延展性且能够实现

在确定了KPI和运营指标之后，接下来就要设定目标水准（目标值）。将现金流之类的指标设定为KPI的时候，目标水准相对比较容易设定。比如将FCF设定为KPI的情况下，可以根据有利息负债的偿还额来设定目标。将营业CF设定为KPI的情况下，可以根据每年必要的投资额来设定目标。

除此之外的指标就没有这样的参考数据了。只能根据市场、竞争对手、自己公司的实际状况来综合分析，设定目标水准。

在设定目标水准时最重要的一点就是"有延展性且能够实现"。

如果设定的目标水准轻易就能实现就没意义了。所以应该设定一个需要通过不断努力才能实现的、有延展性的目标。但目标水准也不能设定得太离谱，如果事业部门觉得"这样的目标根本不可能实现"，就会出现工作热情下降的问题。所以在设定目标水准的时候，"有延展性且能够实现"非常重要。

那么，要想设定出上述目标水准，应该怎么做呢？

答案是在事业部门、上级组织负责人和经营企划部门之间做好交流。

上级组织的负责人能够提供基于组织应有状态的目标水准参考，事业部门能够提供基于现场状况的目标水准参考，然后在经营企划部门的协调下，在两者之间取一个折中的方案，最终就能设定出"有延展性且能够实现"的目标水准。

目标水准没有唯一的正确答案。但这并不意味着设定目标水准时没有可以参考的材料。

我们可以利用"过去视角"和"外部视角"来摸索组织的应有状态，然后以此为基础与事业部门交流，设定合适的目标水准。接下来，我将对基于这两个视角设定目标的方法和注意事项进行说明。

基于过去视角设定目标

设定KPI和运营指标的时候，首先应该参考过去的业绩推移。根据自己部门过去的业绩推移，设定当期业绩目标是最普遍的做法，如果是拥有多个事业部门的公司，还可以参考其他拥有相似事业特征的部门的业绩来设定自身的目标。对于刚成立不久的新事业部门来说，参考过去取得成功的新事业部门的成长曲线来设定自己的目标也是个很有效的方法。

在参考其他事业部门的业绩设定自身目标的时候需要注意一个问题，那就是事先搞清楚自己部门的事业特征是什么。如果事业特征不同，销售额的增长速度和成本结构等也各不相同。在寻找参考目标的时候，一定要找和自己部门拥有相同事业特征的部门，将其过去的业绩数据作为参考。

基于过去的视角设定目标时还有一点需要注意，那就是要考虑到过去的事业环境和现在的事业环境之间是否存在差异。比如，市场状况是否发生了变化，与竞争对手之间的强弱对比是否发生了变化，自己公司使用的经营资源是否发生了变化等。如果不考虑这些就直接参考过去的数据，很有可能导致失败。

基于外部视角设定目标

除了过去视角之外，外部视角也能在设定目标时提供一臂之力。比如，参考竞争对手的业绩来设定目标。

在这种情况下，要事先搞清楚竞争对手和自身之间定位的区别，然后再设定目标水准。

让我们以服饰品经销企业的销售额目标为例来思考。

在设定服装品牌的销售额目标时，可以参考竞争对手的单位面积销售额（面积效率）。这个时候的思考方法如图表6-3所示。

● 图表6-3　设定服装品牌的销售目标（示例）

百货商店排行	面积效率	覆盖率
高 ↑ S		现状与目标覆盖率的差额→开设新店的目标
A		目标覆盖率
B	可以继续开设新店	现状
C		
低 ↓ D	实际面积效率	

基准面积效率→开设新店时的销售额目标

通过对百货商店里所有品牌的面积效率的平均值进行计算，可以算出该百货商店的基准面积效率。比如，位于新宿这样繁华地区的百货商店的基准面积效率非常高，而位于偏远地区的百货商店的基准面积效率就普遍偏低。由于服饰品店铺的收益性受面积效率的影响很大，因此面积效率是这一行业非常重要的运营指标之一。

首先根据面积效率将百货商店从高到低排名（图中分为S~D5个等级），

然后计算出每家百货商店的基准面积效率。各百货商店的基准面积效率可以作为在该百货商店中开设新店时的销售额目标。

此外，实际面积效率则可以作为是否应该在这家百货商店开设新店的判断依据。在实际面积效率超过基准面积效率的情况下，说明该品牌在百货商店里能够盈利。同时，如果现有店铺的实际面积效率超过基准面积效率，而且在该排名的百货商店里的覆盖率较低的情况下，就应该继续开设新店。

参考这样的标准，就能够设定出"有延展性且能够实现"的目标水准。

KPI系统不要过于复杂

过于复杂的KPI系统无法发挥作用

在利用KPI进行管理时必须注意的是，不要把KPI系统设计得过于复杂。刚开始导入KPI的时候，可能会因为缺乏经验而在里面塞了太多的指标，但过于复杂的KPI系统会导致事业部门难以理解，使得KPI管理无法渗透进事业部门中。

比如前文中提到的卡乐比，就想尽办法简化KPI系统。据说松本晃在就任CEO之前，卡乐比的KPI系统里拥有数以万计的数据，如果将这些数据做成表格，从头看到尾需要不眠不休地整整看上4天。

如果KPI系统过于复杂，那么好不容易整理的数据就无法发挥作用。因此，KPI系统应该尽可能一目了然。

在导入KPI时，最常用的工具是BSC（Balanced Score Card：平衡记分卡）。BSC是哈佛商学院的教授罗伯特·S.卡普兰和管理顾问公司的总裁大卫·P.诺顿共同发明的工具。

如图表6-4所示，BSC从"财务""顾客""内部业务流程""学习与成长"4个角度，针对想在财务上实现KPI目标需要达成哪些下位目标，以及为了达成这些目标需要采取哪些行动做了整理，达到促进战略执行的效果。

● 图表6-4　BSC（Balanced Score Card）的思考方法

视角	各视角的思考方法
愿景与战略	想要实现的愿景和战略是什么
财务	要想取得成功需要向股东提示什么
顾客	要想实现愿景必须向顾客提示什么
内部业务流程	要想让顾客得到满足必须加强哪些业务流程
学习与成长	要想实现愿景必须让组织学习和改善什么

（各视角之间以"分解"和"实现"相连接）

出处：作者根据卡普兰与诺顿提出的观点制作

关于BSC的详细内容，本书碍于篇幅所限无法一一说明，感兴趣的读者可以参考相关书籍。在将愿景和战略分解为KPI、运营指标和行动指标时，BSC是非常优秀的工具。另外，通过从4个角度对战略执行的方法进行分析，可以使我们把握哪种方法更容易实现目标。

不过，利用BSC进行分解时也有一个问题，那就是很容易使内容变得复杂化。

即便如此，在找出执行战略的方法，以及把握需要关注的指标和行动时，BSC是非常方便的工具。比如，先利用BSC对各种指标和通往最终目标的路线进行整理，然后将焦点集中在重要的行动和指标上，将其设定为

KPI、运营指标和行动指标。

KPI和运营指标应该设定多少个

KPI和运营指标应该设定多少个比较合适呢？

虽然这应该具体问题具体分析，但指标的数量既不能太多也不能太少。KPI和运营指标如果太多，系统就会变得复杂，难以渗透进事业部门中。而且KPI和运营指标设定得太多，可能说明企业并没有发现真正重要的战略目标，这就有必要重新审视一下企业的战略。

另一方面，如果KPI和运营指标设定太少，则可能说明对达成目标所需解决的课题分析不够充分。在这种情况下，应该对企业的现状和应有状态进行对比，重新分析应该将哪些指标设定为KPI和运营指标。

关于具体应该设定多少个KPI和运营指标没有一定之规，但绝大多数成功企业设定的数量都在20个左右。前文中提到的卡乐比，就提出要将指标数量控制在20个以下，最终设定了18个指标。由此可见，KPI和运营指标的数量在15~20个左右是比较合适的。

不过这个数字也仅供参考。如果对自己企业的会计素养不放心，可以将数量进一步缩减。反之，如果觉得20个指标不够用，那就适当增加。根据自身情况采取最合适的应对非常重要。

KPI与PDCA的关系

PDCA的重要性

要想让KPI的管理系统发挥作用，就必须让PDCA循环起来。导入KPI的目的是利用KPI使商业活动得到改善，所以必须找出目标与实际情况之间存在的差异，然后再搞清楚差异产生的原因并加以改善。

在第五章及本章中，我用了大量的篇幅强调P（Plan）的重要性。因为如果KPI设计得有问题，那么就无法成功地利用KPI来管理。

而在P（Plan）的步骤中成功地设计出KPI系统之后，接下来的关键就是让"DCA"（Do Check Action）的部分顺利地循环起来。

接下来，我将为大家介绍C（Check）和A（Action）步骤中值得注意的内容。

找出目标和实际情况之间的差异

在C步骤中，P步骤制订的计划已经处于D（Do）的状态。

在KPI管理的C步骤中，需要收集KPI、运营指标和行动指标的实绩数据。如果不收集实绩数据，就无法找出目标与实际情况之间的差异，所以收集实绩数据可以说是C步骤中最关键的行动。事实上，最好能够在制订KPI计划的阶段，就确定好收集实绩数据的方法。

但也不能以便于收集实绩数据为理由，设定KPI和运营指标，这样做完全是本末倒置。在收集实绩数据时，后文中即将提到的IoT（Internet of Things）是非常有效的方法之一。

当收集到足够的实绩数据后，接下来要做的就是将实绩数据与目标值进行比较，找出两者之间的差异。然后根据这个差异，进入到下一个步骤A（Action）。此外，要想使实绩数据与目标值之间的差异更加一目了然，可以用不同的颜色来区分目标值的达成情况。比如根据目标值的达成情况用红、黄、绿、蓝等颜色加以区分，这样就可以一眼看出目标数据的达成情况。

找出问题的真正原因

如果在C步骤中发现实绩数据和目标值之间存在差异，那就需要找出导致出现差异的原因。

比如KPI未达标，那么就要找出是哪个运营指标未达标导致KPI未达标。然后再根据未达标的运营指标，找出是哪个行动指标导致运营指标未达标。经过这样的层层排查，就能找出导致问题的真正原因。

如果KPI未达标，引发问题的运营指标往往一目了然，但想要找出导致这个运营指标未达标的原因，则没那么容易。

导致运营指标未达标的原因大致可以分为以下两种类型：

> ①行动指标的实绩数据未达到目标值，导致运营指标未达标
>
> ②行动指标的实绩数据达到目标值，运营指标仍然未达标

如果是①的情况，导致运营指标未达标的原因很有可能就是行动指标未达标。因此，必须找出导致行动指标未达标的原因并加以改善，使行动指标达到目标值。

在绝大多数情况下，导致行动指标未达标的原因都是经营资源不足。比如没有充足的营业人员。要想解决这个问题，只能增加经营资源，或者改变现在的工作方法，更高效地利用现有的经营资源。

如果是②的情况就有点麻烦了。导致运营指标未达标的原因可能有很多。

第一个可能性是行动指标设定的目标值太低，或者运营指标的目标值设定得太高。在这种情况下，解决办法就是提高行动指标的目标值或者下调运营指标的目标值。

还有一种可能性是搞错了行动指标与运营指标之间的因果关系。在这种情况下，就算达成了行动指标也无法达成运营指标，因此需要对运营指标重新进行分解，设定新的行动指标。

有很多因素都可能会影响到行动指标和运营指标之间的因果关系。比如市场中顾客的需求发生了变化，或者竞争对手采取了新战略，都会导致之前有效的行动指标失去效果。在这种情况下，就必须对市场、竞争对手和自己公司的状况重新进行分析，设定新的运营指标和行动指标。从P开始让PDCA循环起来。

总而言之，当运营指标和行动指标出现未达标的问题时，都要通过重复思考"为什么"，找出真正的问题并解决，这样才能实现KPI目标。这也是A

步骤的基本思考方法。

PDCA的循环间隔

PDCA应该间隔多久循环一次呢？这个问题也很不好回答。为了能够尽快做出改善，PDCA循环的速度应该是越快越好，但这完全取决于C步骤和A步骤所需的时间。

如果收集KPI、运营指标和行动指标的实绩数据不需花费太多的时间和成本，那么每周做一次PDCA循环或许是个不错的选择。如果能够利用IoT来自动地收集实绩数据，甚至可能更进一步缩短PDCA循环的周期。

另一方面，如果收集运营指标和行动指标的实绩数据要花费大量的时间和成本，而且对实绩数据进行检查和分析也需要花费一定的时间和精力，那么每个月或者每个季度做一次PDCA循环是比较合适的选择。

以卡乐比为例，2009年之前卡乐比每周都会更新实绩数据，但实绩数据更新的过于频繁会导致其得不到充分利用，而且还增加了许多制作资料的工作量，于是后来卡乐比改为每月更新一次实绩数据。

虽说KPI管理的PDCA循环越短越好，但也要考虑到其中工作量与效果之间的平衡。

利用IoT加快PDCA循环

最近IoT可以说是火得一塌糊涂。但本书不详细介绍IoT技术，只对KPI管理中涉及IoT的部分进行解说。

IoT顾名思义，就是所有的东西都通过互联网连接起来，然后将收集到的数据应用在各个方面。一般来说，利用IoT进行改善活动时，首先要通过传感器收集数据信息，然后再将这些信息通过互联网上传到云端服务器上作为数据保存起来。接着由计算机对数据进行分析，再将分析结果反馈回去。这就是IoT的运转流程。

在制造业现场，通过IoT可以实时地收集行动指标的实绩数据，从而大幅降低收集成本。正如前文中提到过的那样，缩短PDCA循环面临的最大问题，就是数据收集与分析的时间和成本太高，但利用IoT则可以解决数据收集的时间和成本问题，从而使缩短PDCA循环周期成为可能。尤其是在收集行动指标的实绩数据时，IoT能够发挥出非常显著的效果。

并非只有大型企业才能利用IoT，最近很多中小企业也开始导入IoT。接下来让我们看一看旭铁工的事例。

旭铁工是总部位于爱知县碧南市的一家汽车零部件生产企业。旭铁工决定导入IoT的契机，是因为丰田提出了增加零部件产量的要求。一般来说，要想增加产量，最直接的办法是增加生产设备，建立增产体制，但投资设备会导致成本增加。旭铁工的KPI之一就是产品的生产成本，所以在降低生产成本的同时提高产量，就成为旭铁工2014年最大的课题。

将生产成本设定为KPI的时候，主要的运营指标包括开工率、可动率、不良率（图表6-5）。

开工率表示的是产品需求与现在生产能力的比率。开工率低，说明生产设备出现闲置，会造成成本的浪费。

可动率表示的是设备实际运转时间与应运转时间的比率。实际运转时间越短，说明设备的生产能力越低，这也是导致成本升高的主要原因。

最后是不良率，表示的是产品中不良品所占的比率。

因为不良品不能作为商品销售，所以不良率高的话会导致成本上升。但如果能够降低不良率，则可以充分利用生产能力，也相当于降低了生产成本。

旭铁工面对的课题是，在降低成本的同时，尽可能在不投资新设备的基础上实现增产。

旭铁工首先想到的办法是提高可动率。而要想提高可动率，就必须想办法减少设备的停止时间。设备的停止时间包括变更生产线上产品所需的准备时间（更换模具和原材料的作业），以及因为故障等意料之外的情况导致生产线停止的时间。如果能够缩短停止时间，就可以提高生产能力。

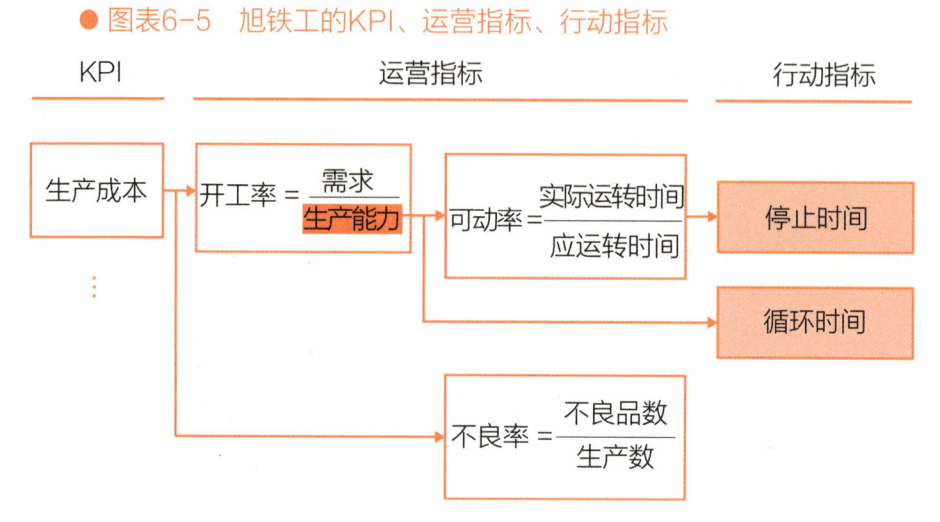

● 图表6-5　旭铁工的KPI、运营指标、行动指标

KPI	运营指标	行动指标
生产成本	开工率 = 需求 / **生产能力**	
	可动率 = 实际运转时间 / 应运转时间	停止时间
		循环时间
	不良率 = 不良品数 / 生产数	

出处：作者根据对旭铁工的采访资料制作

另外，因为缩短每道工序的循环时间也可以提高生产能力，所以循环时间也被设定为行动指标。而导入IoT就是为了收集停止时间和循环时间的实绩数据。

旭铁工建立的利用IoT收集数据的体制并没有花费多少成本。他们通过在生产设备上加装光传感器和电磁传感器（这些都是低成本传感器），自动实时地收集设备何时停止、何时运行、循环如何推移的数据。

这样一来，旭铁工就可以实时地对数据进行分析并且立即进行改善。结果，旭铁工成功地削减了设备停止时间和循环时间。

导入这一体制之后，个别设备的生产数量提高了1.7倍，旭铁工的整体生产效率得到了飞跃性的提高。此外，通过削减停止时间，不良率也随之降低。这也为旭铁工的成本降低做出了巨大的贡献。

通过上述事例不难看出，活用IoT可以大幅缩短收集行动指标所需的时间和成本,进而提高PDCA循环的效率。

如果能够提高PDCA循环的效率,就可以更快地积累改善经验,提高企业的竞争力。像这样利用IoT技术构筑管理循环的做法今后值得大范围推广。

提供促进交流的"场所"

KPI是交流的工具

当KPI管理渗透进公司的每一个角落之后,公司内部与目标和实绩相关的交流也会变得顺畅起来。

如果在大脑里对KPI、运营指标和行动指标的结构有清晰的认识,那么自然就会知道为了达成KPI的目标需要采取什么行动,以及现在自己完成了哪些工作,还有哪些工作没有完成。KPI可以说是公司内部关于业绩的交流工具。

既然KPI是交流的工具,那就必须拥有一个促进交流的"场所"。

在本节中,我将为大家介绍为KPI管理设定交流场所的方法。

应该什么时候召开会议

想提高交流的效率,召开会议是最好的选择。但问题在于,应该在什么时候召开促进交流的会议。在绝大多数情况下,最少也应该在制订计划时和工作完成时分别召开一次会议。

此外，根据实际情况在中期召开一次把握进展情况的会议也很有效。对计划的进展情况进行确认并思考必要的对策，有助于确保战略的顺利进行。但也需要注意，会议召开得过于频繁会增加工作量，应该尽量避免出现这种情况。

确认工作进度的会议间隔，根据商业活动的特性一般可以分为每月一次、每季度一次、每半年一次。

在刚开始导入KPI管理的时候，为了让管理方法渗透进事业部门，可以每个月召开一次会议，当大家都习惯了KPI管理之后，可以将会议时间改为每季度一次或者每半年一次。

会议上应该讨论哪些内容

会议上应该交流哪些内容呢？

如果是制订计划时召开的会议，首先需要确认企业的愿景和战略，然后以此为基础讨论如何将其分解为KPI、运营指标、行动指标。

在这个阶段，还需要设定数值目标的水准。将KPI分配给各个事业部门，设定各个事业部门的KPI目标。同时设定运营指标和行动指标的目标值。此外，还应该确认事业部门的投资计划。

如果是把握进程时召开的会议，需要把握目标与实绩之间的差异，并且确认计划的进展情况。如果在这一阶段发现没有取得足够的进展，那就应该及时地商讨对策并采取措施。在这个阶段，讨论基本都围绕着运营指标、行动指标的目标值与实绩之间存在的差异及原因展开。

最后是工作完成时召开的会议，在这个时候需要对工作的进展状况和KPI目标的达成情况进行详细检查，并且对业绩进行评估。然后找出下一年度应该改善的项目，并在制订新计划的时候加以改善。

调整者的重要性

KPI管理会议的参加者一般包括事业部门的负责人、上级组织的负责人，以及经营企划部门的负责人。在制订计划的阶段，各部门的负责人和上级组织的负责人之间，需要针对KPI、运营指标、行动指标的设定方法，以及目标水准进行交流，在达成一致后再做出决定。

在这个时候，负责在上级组织负责人和事业部门负责人之间进行调整的经营企划部门将发挥非常重要的作用。企业整体的利益与事业部门的利益不一致是很常见的情况，所以为了制订出双方都能够接受的计划，经营企划部门必须在讨论过程中进行调整。

为了充分发挥调整的效果，经营企划部门应该事先调查各事业部门的实际状况，思考如何制订计划才能做到"两全其美"。要想做到这一点，除了会议上的讨论之外，平时也需要多和事业部门、上级组织的负责人交流，这样的事前准备非常重要。

> **专栏 6**

关键在于让事业部门"彻底理解"

在本章的开头，我为大家介绍了导入KPI时，事业部门可能会提出的问题。在本章中我为大家介绍了许多导入KPI的方法，但为了让事业部门能够彻底接受KPI管理，相应的培训和研修十分重要。如果没有对员工进行充分的培训和教育，恐怕在导入KPI初期的制订计划阶段就会遇到各种各样的问题。

最常见的情况就是企业整体的经营方针与事业部门的计划之间存在偏差。如果这个偏差太大，事业部门负责人与上级组织负责人的意见就非常难以达成一致。

在这种情况下，事业部门很可能为了达成数值目标而应付差事。强行让事业部门的计划配合企业整体的方针，只会让事业部门变成"没有灵魂的行尸走肉"。

行动指标、运营指标、KPI之间缺乏整合性也是比较常见的问题。如果行动指标与运营指标和KPI之间缺乏明确的相关性，会降低员工对KPI管理系统的信任度。此外，如果行动指标设定得难以实现，也会使员工对行动指标本身产生怀疑。

为了避免出现类似的问题，就必须对事业部门进行彻底的培训和教育。关于最应该传达给事业部门的内容，大致可以分为以下3点：

> ① 导入KPI的目的，以及KPI与企业整体战略的关联性
> ② 设定KPI、运营指标、行动指标时的依据
> ③ 设定数值目标水准时的关键点

首先，也是最重要的，就是将导入KPI的目的传达清楚。导入KPI最大的目的是让战略能够顺利执行，因此必须让员工深入地理解企业战略的相关内容。导入KPI是否会对工资与奖金等待遇问题造成影响，也是员工非常关注的问题，所以这部分内容也要解释清楚。

第二，必须说清楚设定KPI、运营指标和行动指标时的依据。这样有助于员工理解KPI、运营指标、行动指标都是什么，以及三者之间存在怎样的联系（达成行动指标就可以达成运营指标，最终达成KPI目标）。还要让员工知道，只要达成了KPI目标，就能够实现整个公司的战略目标。

第三，尽可能具体且通俗易懂地将设定目标水准的关键点向事业部门说明。需要注意的是，不要提出难以实现的行动计划。

尤其是对于中长期目标及行动计划，事业部门往往难以抓住重点，所以必须明确地提出"有延展性且能够实现"的目标来促进事业部门采取行动。

为了将KPI管理渗透进事业部门，必须让事业部门"彻底理解"KPI系统的必要性和KPI的运用方法。

在实际培训的时候，可以利用过去的数据，让事业部门能够具体地把握利用KPI制订计划和活用的方法。

在事业部门建立起KPI、运营指标、行动指标的目标，以及计划的基础之后，对其进行检查并反馈的方法也十分有效。

总之，充分利用会计思考力，不惜花费精力和时间，让事业部门彻底理解和接受KPI非常重要。

结语

本书根据我担任管理顾问约8年,以及在大学和商学院担任讲师约10年积累的经验创作完成。在这接近20年的时间里,日本企业所处的商业环境发生了翻天覆地的变化。与20年前相比,现在会计数字在企业经营中显得越发重要。

另一方面,对于在现场工作的商务人士来说,认为会计知识难以理解的思想仍然根深蒂固。为了提高自身能力或为了取得MBA学位而选择进入商学院继续深造的人,大多对市场营销、经营战略、组织管理等内容很感兴趣,而对会计和金融领域则敬而远之。

然而,日本企业如果想要实现更进一步的飞跃,必须强化自身的会计思考力,将会计充分地利用起来。要想将会计充分地利用在商业活动中,并不需要掌握专业的会计知识,你只需要具备将会计数字与实际的商业活动相结合并加以分析的能力。如果本书能够为大家提高会计思考力、提高日本企业的竞争力提供一臂之力,将是我最大的荣幸。

在执笔第六章的时候,旭铁工株式会社董事长兼社长木村哲也和其他同人为我的取材调查提供了巨大的帮助。在此,向旭铁工株式会社的诸位致以最诚挚的感谢。

本书在创作过程中,青木康晴(一桥大学大学院商学研究科)、渡边丈洋（中京大学经营学部）为我提出了宝贵的建议。中京大学的同僚和商学院的学生们也给我提供了许多宝贵的灵感。向以上诸位致以最衷心的感谢。

此外，非常感谢对本书的内容表示赞同，并且为我提供出版机会的日本实业出版社。尤其是第一编辑部的诸位，从本书的立案阶段开始就一直为我提供帮助，多亏了他们本书才得以顺利问世。

篇幅所限，无法将所有人的名字一一写出来，但在本书创作过程中为我提供过帮助的每一位，我都记在心中并深表感谢。

最后，请允许我向一直对我提供大力支持和鼓励的家人，致以真心的感谢。

矢部谦介

2017年9月